監修者——加藤友康／五味文彦／鈴木淳／高埜利彦

［カバー表写真］
伏兵を射る義家の従兵
（『後三年合戦絵巻』部分）

［カバー裏写真］
源義家から賜ったとされる大鎧
（復元模造）

［扉写真］
近世に描かれた源義家
（『前賢故実』より）

日本史リブレット人 022

源義家

天下第一の武勇の士

Noguchi Minoru
野口 実

目次

源義家のイメージと実像

源義家(一〇三九〜一一〇六)は史上もっとも優れた武将の一人として後世の人びとに「八幡太郎《はちまんたろう》」の〝愛称〟をもって語り継がれ、現代でもプラスイメージでとらえられるのが一般的である。

義家の歴史的役割として教科書的に理解されていることは、前九年合戦《ぜんくねんかっせん》や後三年合戦《ごさんねん》をとおして東国《とうごく》武士を私的主従関係のもとに組織したこと、白河上皇《しらかわじょうこう》から院《いん》の昇殿《しょうでん》を許されるなど、武士の貴族《きぞく》社会における地位の向上をはかったこと、その一方で、彼の勢力の拡大を恐れた院や貴族たちから抑圧を受けたことなどであろう。

けれども、こうした通説的な評価は、はたして正当なものといえるのであろ

源義家から賜ったと伝えられる大《おお》鎧《よろい》 猿投《さなげ》神社所蔵の重文「樫鳥《かしどり》絲《いと》威《おどし》鎧《よろい》大袖《おおそで》付」を復元模造したもの。この鎧は義家が三河《みかわ》の武士伴《ばん》次郎助兼《じろうすけかね》にあたえたもので、「源氏八領の鎧」の「薄金《うすかね》」と伝承される（カバー裏写真参照）。

うか。普通「武家《ぶけ》の棟梁《とうりょう》」といえば源氏《げんじ》、そのなかでも、義家こそがその代表格とみなされている。しかし、武家の棟梁とは、地方武士の要求を中央の政治に反映できる地位に立つ存在として規定されるべき概念であり、そのような存在の出現は保元《ほうげん》の乱《らん》（一一五六〈保元元〉年）を待たなければならないであろう。

義家の段階では、河内《かわち》源氏は京都を活動の場とする貴族社会の一員であり、その武力の主体は畿内近国《きないきんごく》で編成した郎従《ろうじゅう》であって、せいぜい同じように在京して諸権門《けんもん》に奉仕していた美濃《みの》源氏などをはじめとする「京武者《きょうむしゃ》」たちの盟主的な立場を占めるにすぎなかった。前九年合戦や後三年合戦における義家の活躍は広く人口に膾炙《かいしゃ》しているが、彼と東国武士たちは、後世にみられるような、所領《しょりょう》を媒介とした譜代《ふだい》的な主従関係で結ばれていたわけではない。

また、彼は合戦の過程で、かなり残酷な側面をみせているし、貴族や京都の庶民たちからも恐れられるような存在であった。十二世紀末の源平内乱の際、右大臣《うだいじん》九条《くじょう》（藤原）兼実《かねざね》は、合戦で大活躍した武士に対して「あたかも八幡太郎の如し」という賛辞を呈しており（『玉葉《ぎょくよう》』治承《じしょう》四〈一一八〇〉年五月二十六日条）、当時の貴族たちが義家を武芸に長《た》けた名将と認識していたことも確かである。さらに、後世に成立した説話集などでは心優しい文武兼備《ぶんぶけんび》の風雅《ふうが》な武将として描かれる義家だが、その実像はいかなるものだったのだろうか。そして、彼が近代にいたるまで八幡神《はちまんしん》の権化《ごんげ》、正統なる武士の象徴として崇《あが》められ続けたのはいかなる理由によるのか。本書ではそのようなことを解き明かしていきたいと思う。

この本を執筆するにあたっては、近年進展がめざましい摂関《せっかん》・院政《いんせい》期の政治史や元木泰雄氏に代表される武士論の研究成果をおおいに参考にさせていただいた。本書を読んで、源義家や中世成立期の武士に関して、さらに興味をもたれた読者は、ぜひ巻末にあげた参考文献を参照していただきたい。

①―父祖の功業

武門の清和源氏の始まり

義家の先祖をさかのぼってみて、武士としてはじめて活動したことが知られるのは源経基《つねもと》▲である。経基は、通説では清和《せいわ》天皇の皇子貞純親王《さだずみしんのう》の子で、経基王と称していたが、「源朝臣《あそん》」の氏姓《しせい》を賜って武門《ぶもん》としての清和源氏《げんじ》の祖となったとされている人である。しかし、経基が清和源氏の出であるという点については疑問視される向きが強く、一〇四六(永承《えいじょう》元)年、経基の孫にあたる頼信《よりのぶ》が河内国誉田山陵《かわちのくにこんださんりょう》にささげた願文《がんもん》(「河内守源頼信告文案《こうもんあん》」『平安遺文《へいあんいぶん》』六四〇号)に記されているように、経基は陽成《ようぜい》天皇の皇子元平《もとひら》親王の子であったらしい。この願文は鎌倉《かまくら》時代の写本で体裁が異様であることから信用できないという意見もあるのだが、十二世紀後半の源平内乱《げんぺいないらん》の時代、経基の子孫たちは皆みずから清和源氏を称していたことが明らかであるから、ここではあえて追究する必要はないであろう。

さて、経基がはじめて戦乱のなかに姿をあらわすのは、平将門《たいらのまさかど》の乱におい

▼**源経基**　?～九六一年。もとの名は経基王。清和天皇の第六皇子貞純親王の子であることから六《ろく》孫王《そんのう》と称されたという。臣籍《しんせき》にくだり、藤原純友の乱では追捕《ついぶ》凶《きょう》賊使《ぞくし》の次官となり、残党追捕に活躍して大宰少弐となった。

武門源氏略系図

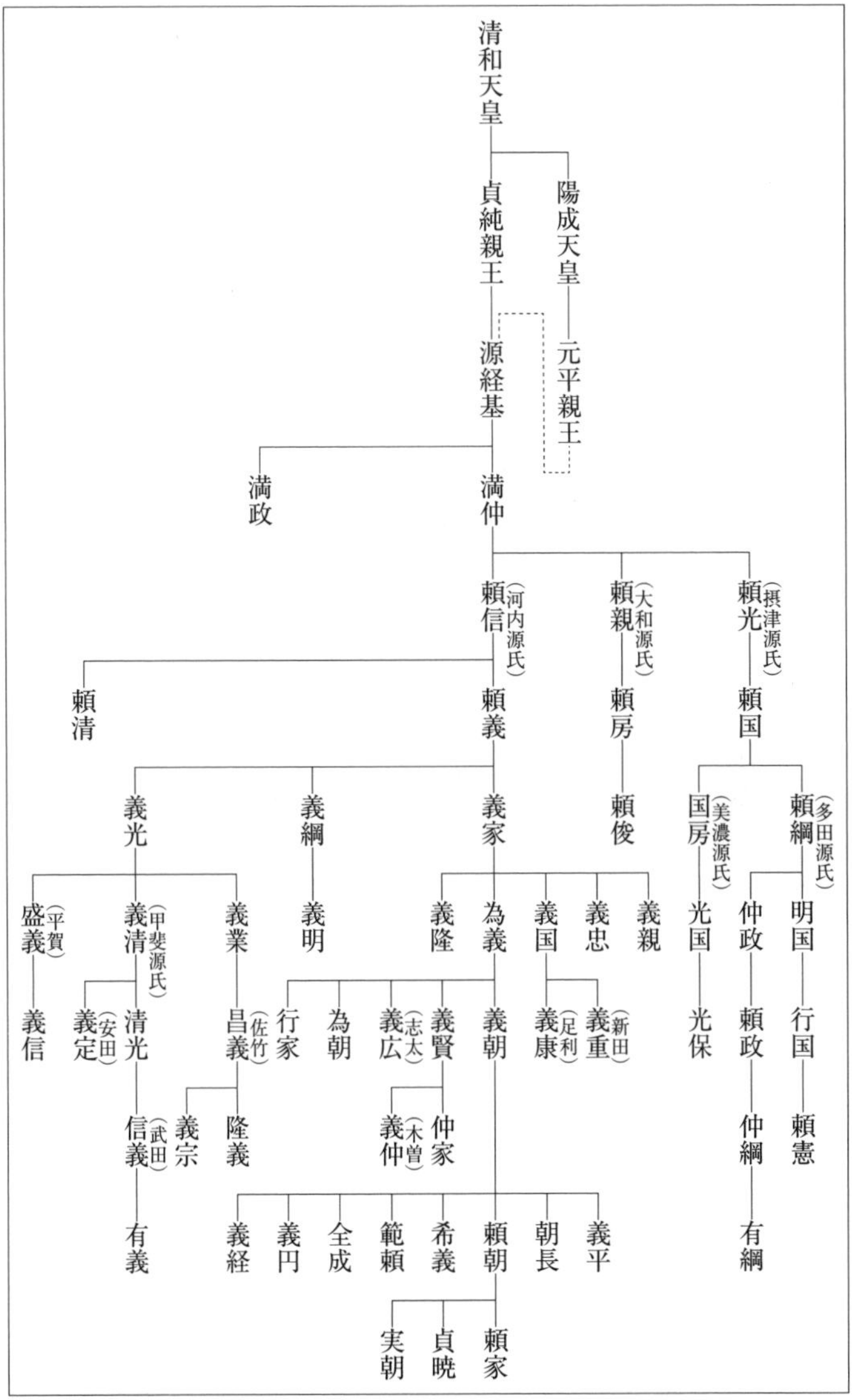

源義家と為義の父子関係については佐々木紀一氏の研究（参考文献参照）による。

平将門像

▼平将門　?〜九四〇年。下総北部を勢力下においた軍事貴族。桓武《かんむ》天皇の曽孫高望王《たかもちおう》の孫。父は鎮守府《ちんじゅふ》将軍良持《よしもち》(良将《よしまさ》とも)、母は在地豪族の犬養春枝《いぬかいのはるえだ》の娘と伝わる。一族の内紛を契機に国家への反乱を起こしたが、平貞盛・藤原秀郷に討たれた。

▼『将門記』　平将門の乱を題材にした軍記。和風の漢文で書かれており、乱の鎮定からあまりくだらない時期に成立したものとされる。真福寺《しんぷくじ》本と楊守敬《ようしゅけい》旧蔵本の写本が伝わる。

てのことである。九三九(天慶《てんぎょう》二)年、源経基は武蔵介《むさしのすけ》(武蔵国司《こくし》の次官)として任地に赴いていた。

当時、武蔵国では権守興世王《ごんのかみおきよおう》と足立郡司《あだちぐんじ》武蔵武芝《むさしのたけしば》が紛争を起こしており、これに介入して調停にあたっていたのが隣国下総《しもうさ》にいた平将門▲であった。将門の調停はうまくいって両者の講和はなったのだが、経基は上司である興世王と将門が武芝にそそのかされて自分を殺そうとしているのではないかと疑い、京都に逃げのぼって、朝廷《ちょうてい》に将門らが謀反《むほん》を企てていると密告した。『将門記《しょうもんき》』▲は、このときの経基について「未だ兵《つわもの》の道に練れず」と酷評しているが、朝廷は将門からの釈明をえて、経基の告発を虚偽と判断し、経基は左衛門府《さえもんふ》に拘禁される羽目に陥っている。

のちに武家《ぶけ》の棟梁《とうりょう》を輩出する源氏の祖にしては情けない話だが、治安の乱れた坂東《ばんどう》の、しかも要国である武蔵国の国司に任じられたことから、彼が軍事に優れた才能をもつ人物であったことをうかがうことができよう。その後、経基の密告は結果的に事実と認められることとなり、その功によって従五位下《じゅごいのげ》に叙せられたのち、征東《せいとう》副将軍に任じられ、さらに西海《さいかい》で反乱《はんらん》を起こしていた藤《ふじ》原純友《わらのすみとも》▲の追討にも起用されることとなる。九四一（天慶四）年九月、警固使《けいごし》・大宰権少弐《だざいのごんのしょうに》たる経基は、豊後《ぶんご》国海部《あま》郡佐伯《さいき》院（現、大分県佐伯市）の合戦《かっせん》で賊将の一人桑原生行《くわはらのなりゆき》を捕え、ようやく武士としての風貌をあらわすことになる。

平将門・藤原純友の両乱（承平《じょうへい》・天慶の乱）における功労者の子孫は、国家の武力として重く登用されて、「都《みやこ》の武者《むしゃ》」（中央軍事貴族《きぞく》）としての家格《かかく》と家門《かもん》を形成することになる。経基のほかに、藤原秀郷《ひでさと》・平貞盛《さだもり》らの子孫がその代表的存在で、彼らは武門としてたがいに競合していくようになる。

源満仲とその子息たち

経基の子の満仲《みつなか》▲は、安和《あんな》の変《へん》（九六九〈安和二〉年）における密告者として登場する。この事件は藤原氏北家《ほっけ》による他氏排斥の最後の事件として知られるが、公然化したのは、この満仲らの行動による。その結果、満仲は軍事貴族としてのライバルであった藤原千晴《ちはる》の失脚に成功したのである。千晴は平将門の乱鎮圧の第一の功労者である藤原秀郷の子で、藤原氏北家の標的となった左大臣《さだいじん》源高明《たかあきら》に仕えていたのであった。

▼**藤原純友**　?～九四一年。大宰少弐良範《よしのり》の子。伊予掾《いよのじょう》として瀬戸内の海賊追捕を任としたが、やがてみずからが海賊の首領として蜂起。ついには大宰府を占領したが、博多津《はかたつ》の合戦で敗れて伊予に逃亡したのち、誅殺された。

▼**源満仲**　?～九九七年。安和の変で陰謀を密告し、藤原千晴（秀郷の子）の失脚をはかり、藤原氏北家の信任をえて、軍事貴族として第一人者の地位をえる。晩年は摂津国多田院に居住し、「多田新発意《しんぼち》」と呼ばれたという。

京の武士と従者(『伴大納言絵巻』部分)

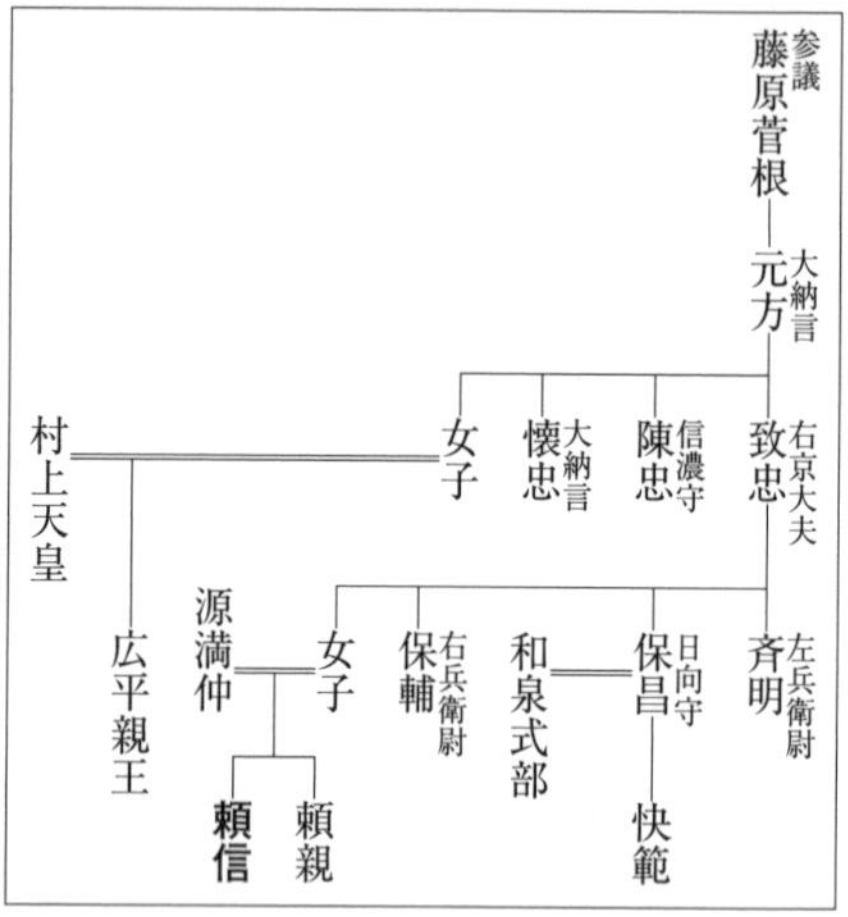

源頼信の係累

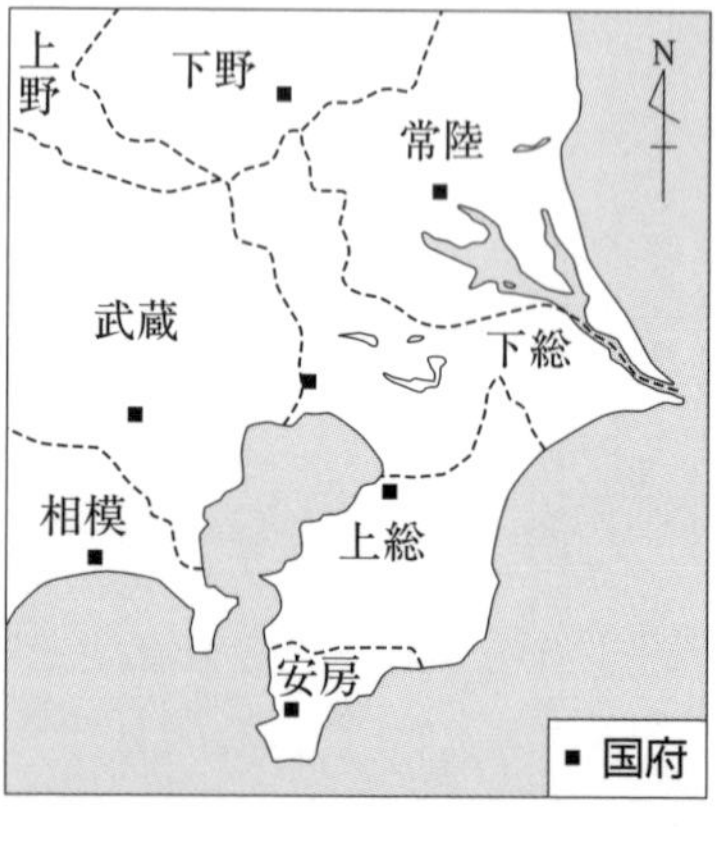

坂東の諸国

九八二(天元《てんげん》五)年三月、満仲は常陸介《ひたちのすけ》に在任していたことが知られる(『小右《しょうゆう》記《き》』▲)。常陸は上野《こうずけ》・上総《かずさ》とともに親王任国《にんごく》であるため、介が実質的な長官で他国の守《かみ》と同格なのである。在任中の満仲の動向については明らかでないが、このときにえた現地の情報や在地勢力との関係は、やがて子息頼信《よりのぶ》▲に継承されることとなる。

その後、摂津守《せっつのかみ》に任じられた満仲は、離任のあとも同国川辺《かわのべ》郡多田院《ただいん》(現、兵庫県川西《かわにし》市多田《ただ》所《どころ》町)に住んで、ここで出家をとげ、九九七(長徳《ちょうとく》三)年八月に死去したと伝えられる。

満仲には頼光《よりみつ》(摂津源氏の祖)・頼親《よりちか》(大和《やまと》源氏の祖)・頼信らの子息があった。彼らのうち、義家の祖父にあたるのが頼信で、彼は河内国に本拠をおいたので、その子孫の流れは「河内源氏」と呼ばれることとなる。

頼信が坂東進出に成功した背景

頼信は左《さ》兵衛尉《ひょうえのじょう》をへたあと、上野介・常陸介(重任《ちょうにん》)に補されている。『今《こん》昔物語集《じゃくものがたりしゅう》』▲によると、彼は在任中におおいに武威を示し、常陸の豪族《ごうぞく》である

▼**『小右記』**　右大臣藤原実資の日記。名称は、実資が「小野宮《おののみや》右府《ふ》」と呼ばれたことによる。九八二(天元五)年から一〇三二(長元五)年までのあいだの分の写本が現存。摂関時代研究の根本史料。

▼**源頼信**　九六八〜一〇四八。父は満仲、母は藤原致忠の娘。両親から武芸の血を受け継ぐ。藤原道兼・道長に仕え上野・常陸・伊《い》勢《せ》などの受領を歴任。本領が河内国に所在したことから、彼の子孫の系統は「河内源氏」と呼ばれる。

▼**『今昔物語集』**　十二世紀初めごろに成立したとみられる説話集。成立以後、近世にいたるまでほとんど、その存在が知られていなかった。武士による殺生《せっしょう》を罪業《ざいごう》とはみなさない点など、平安末期の武士認識を知るうえでも有用な史料。

平維幹《これもと》（平貞盛の甥）や隣国下総の平忠常《ただつね》（貞盛の叔父にあたる良文《よしふみ》の孫）を従えるほどの活躍をみせている。頼信が長期にわたって坂東の受領《ずりょう》に任じられた背景としては、まず、祖父経基・父満仲が武蔵・常陸の国司をつとめたという事実が想起されるが、もう一つ、彼の母方が坂東に深い関係を有していたことにも注目しておきたい。

頼信の母は、藤原道長《みちなが》の最愛の家司《けいし》にして和泉式部《いずみしきぶ》の夫、その一方で武人肌の貴族として知られる藤原保昌《やすまさ》の姉妹にあたる。保昌の祖父元方《もとかた》、曽祖父菅根《すがね》は公卿《くぎょう》に列する上級貴族だったが、その家系をさかのぼると、坂東を基盤とする軍事貴族に行き着くのである。

菅根の曽祖父にあたる黒麻呂《くろまろ》（南家《なんけ》藤原氏）は八世紀の後半に上総の国司となって同国内の藻原牧《もばらのまき》（現、千葉県茂原《もばら》市）を私領とし、その子春継《はるつぐ》は常陸介に任じられ、在地の豪族である坂上《さかのうえ》氏の娘を妻とした。春継はその後、上総に住み、田代荘《たしろのしょう》（現、千葉県長生《ちょうせい》郡長柄《ながら》町田代《たしろ》および富津《ふっつ》市）をみずからの所領とした。春継の子の良尚《よしひさ》は中央に出仕《しゅっし》して、従四位上《じゅしいのじょう》右兵衛督《うひょうえのかみ》兼相模守《けんさがみのかみ》にまで出世をとげた。菅根は彼の子である。

天皇家と藤原北家との関係略系図

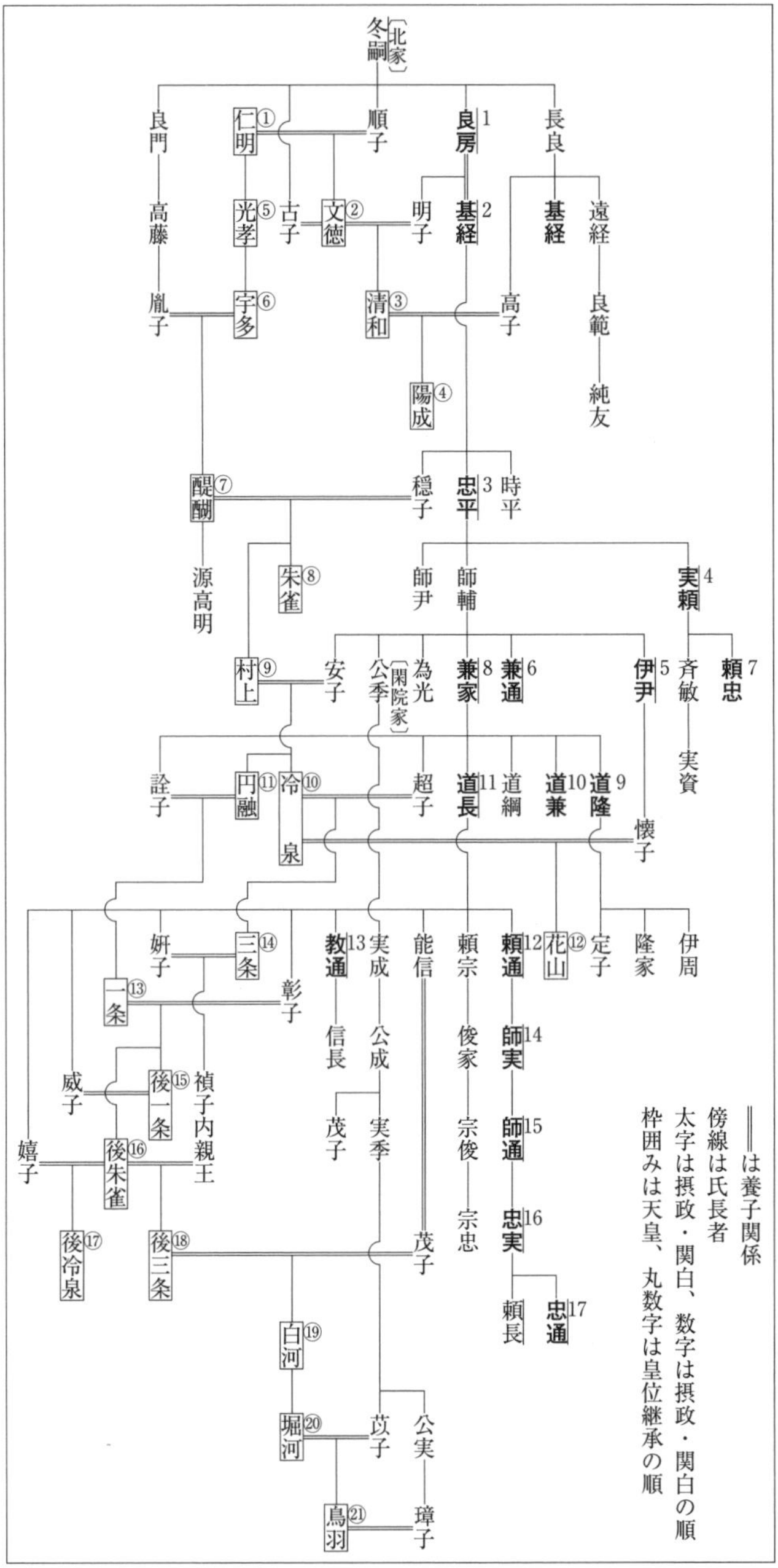

菅根は文章生《もんじょうしょう》から立身し、その子元方も文章得業生《とくごうしょう》となって文官《ぶんかん》貴族の道をあゆんでいる。しかし、平将門の乱に際し、元方は征討の大将軍に選ばれている。それは、彼が乱の渦中にあった上総に基盤をもち、かつ武の血筋と認識されていたからであろう。元方の子致忠《むねただ》は、九九九(長保元《ちょうほう》)年十二月、前相模守橘輔政《たちばなのすけまさ》の子息と郎等《ろうとう》二人を射殺した罪で佐渡《さど》に流されており、致忠の息子たちも、斉明《ただあき》は検非違使《けびいし》に追捕《ついぶ》されて海賊になり、保昌は「勇士武略之長」(『尊卑分脈《そんぴぶんみゃく》』)、保輔《やすすけ》は「強盗張本《ちょうほん》本朝第一武略」(同)と伝えられるような存在であった。

頼信の母はこうした家を出自としていた。追捕を受けた斉明が東国《とうごく》をめざしたことからもうかがえるように、頼信が坂東に発展の場をみいだそうとした背景には、母方の強固な地盤がこの地に存在したことが想定できるのである。

平忠常の乱

平忠常の乱は、一〇二七(万寿《まんじゅ》四)年、房総《ぼうそう》半島一帯に勢力を有した平忠常▲が、上総で国衙《こくが》に敵対する行動を起こし、翌二八(長元《ちょうげん》元)年、安房《あわ》守平惟忠《これただ》を焼殺

▼**平忠常**　?～一〇三一年。陸奥《むつ》介忠頼《ただより》の子。房総地方を地盤とした地方軍事貴族。上総介(権介《ごんのすけ》)・下総権介などに任じた。一〇二八(長元元)年に反乱を起こしたが、子孫は上総・千葉氏などとして両総地方に発展をとげた。

したことに始まる。

同年六月に朝廷は追討使《ついとうし》の人選を行うが、そのとき候補にあがったのは源頼信・平正輔《まさすけ》・平直方《なおかた》・中原成通《なかはらのなりみち》であった。このうち、中原成通は明法家《みょうぼうか》の検非違使であったが、ほかは当時名だたる軍事貴族である。頼信が筆頭にあげられたのは、上野・常陸の受領として坂東にくだった際、おおいに武威を示し、忠常も臣従《しんじゅう》していたことがよく知られていたためであろう。陣定《じんのさだめ》(内裏《だいり》の近衛《このえ》の陣で行われた政務の評議。一四ページ下図参照)において右大臣藤原実資《さねすけ》以下の公卿が頼信を推し、これが後一条《ごいちじょう》天皇に奏上《そうじょう》されたのは理にかなったことであった。

ところが、この意見は一蹴《いっしゅう》され、勅《ちょく》によって追討使に任じられたのは平直方と中原成通であった。武者と目付《めつけ》役としての法律家の組合せであるのはよしとしても、直方が陣定の決定をくつがえしてまで選任された理由はどこにあったのだろうか。

陣定(仗議《じょうぎ》)は太政官《だいじょうかん》の最高幹部会議であるが、最終的な決裁は天皇と摂関《せっかん》に委ねられることになっていた。このとき、後一条天皇は弱冠二一歳、関白《かんぱく》左

検非違使の一団(『伴大納言絵巻』部分)

陣定(『年中行事絵巻』部分)

大臣の藤原頼通《よりみち》は分別盛りの三七歳。天皇は頼通の甥にあたる。直方を推したのは頼通とみてよいであろう。

直方は父の維時《これとき》とともに、摂関家に奉仕する関係にあった。彼らは中央に出仕して、貞盛流の平氏一族のなかでもっとも有力な立場を築いていたのだが、同族の維幹《これもと》(常陸平氏の祖)らは良文流平氏の忠常(両総平氏の祖)と世代を超えた対立関係にあった。そこで、これを公然と忠常を討滅する絶好のチャンスと考えたのであろう。直方の追討使起用は、平忠常の排除という私的な目的を国家の意思にすりかえて実現しようとした維時らの要求を、その本主である関白頼通が容認した結果とみてよい。そもそも、忠常が国家から謀反人と認定されたこと自体、彼らの政界工作の成果だった可能性が高いのである。

乱の平定

追討の宣旨《せんじ》がくだされたのを知った忠常は、内大臣藤原教通《のりみち》(頼通の弟)に書状を送るなどして追討使派遣の撤回を策したが奏功せず、一〇二八(長元元)年八月、追討使直方らは随兵を率いて都を出発、翌年には、直方の父維時が上総介に任じられて追討は本格化していく。

これに対して忠常は、上総国の山間地帯に籠もって頑強に抵抗する。もともと私的な対立から発した戦争だけに、徹底抗戦を余儀なくされたのである。同年末、かねてから追討に消極的な態度を示していた中原成通が追討使を解任されているが、明法家の能吏であった彼は当初からこの追討が私戦であることをみぬいていたのであろう。

一〇三〇(長元三)年三月、安房守藤原光業《みつなり》が反乱軍の攻撃に抗しえず、国衙の印と国倉《こくそう》の鑰《かぎ》を棄てて京都に逃げ帰っており、追討の不調はいよいよ明らかとなる。一方、このころから反乱地域の荒廃によって忠常の勢力も衰えをみせはじめる。五月には忠常出家の情報が京都にもたらされ、忠常が講和を求めていることは明らかだったのだが、直方は追討の継続を望んだらしい。しかし、政府は坂東の亡弊《ぼうへい》を懸念。事態の早期収拾の方針をとって直方を更迭し、すでに甲斐守《かいのかみ》に任じられていた源頼信に追討を命じた。頼信は忠常の子の法師《ほうし》をともなって下向《げこう》。一〇三一(長元四)年四月、忠常はいまだ甲斐にあった頼信のもとに帰降《きこう》するにいたるのである。

忠常の乱を頼信が鎮定したことは、河内源氏と東国との関係に新しい展開をもたらすこととなる。

忠常の子孫は、その後も両総（上総・下総）地方に勢力を保ち、国衙を基盤とする武士団として展開をとげた。そして、十二世紀末にいたり、その嫡流である上総広常《かずさひろつね》▲や千葉常胤《ちばつねたね》▲は、源頼朝▲の挙兵に積極的に参加して、鎌倉政権の草創に大きく貢献するのである。

▼**上総広常**　?〜一一八三年。上総権介常澄《つねずみ》の子。介八郎《すけのはちろう》と称す。保元《ほうげん》・平治《へいじ》の乱に源義朝《よしとも》に従う。一一八〇（治承《じしょう》四）年、源頼朝の挙兵に大軍を率いて呼応したが、その強勢のために、かえって頼朝から危険視され、一一八三（寿永《じゅえい》二）年十二月、頼朝の御所《ごしょ》で誅殺《ちゅうさつ》された。

▼**千葉常胤**　一一一八〜一二〇一年。下総権介常重《つねしげ》の子。保元の乱に源義朝に従う。一一八〇（治承四）年、源頼朝の挙兵に応じ、平家や平泉《ひらいずみ》藤原氏の追討に活躍。頼朝の信頼あつく、薩摩《さつま》から陸奥にいたる列島各地に多くの所領を獲得した。

▼**源頼朝**　一一四七〜九九年。義朝の嫡子。母は熱田大宮司《あつただいぐうじ》藤原季範《すえのり》の娘。二条《にじょう》天皇の蔵人《くろうど》となったが、平治の乱で伊豆に配流《はいる》。一一八〇（治承四）年、反平家の兵をあげ、鎌倉に政権を樹立した。

②—義家の登場

八幡太郎の誕生

義家は一〇三九(長暦《ちょうりゃく》三)年、頼信《よりのぶ》の子である源頼義《よりよし》▲を父に、平直方《たいらのなおかた》の娘を母として生まれた。生誕地はおそらく京都とみられるが、父頼義の相模守《さがみのかみ》在任中のことであり、相模の可能性もある。義家が、のちに河内源氏《かわちげんじ》の氏神《うじがみ》とされるようになる石清水八幡宮《いわしみずはちまんぐう》で元服《げんぷく》をとげ、八幡太郎《はちまんたろう》と称されたことはよく知られている。

『陸奥話記《むつわき》』▲によると、頼義の武芸に惚《ほ》れ込んだ武門平氏《ぶもんへいし》嫡流《ちゃくりゅう》の平直方が、頼義を婿《むこ》に迎え、そこに生まれたのが義家だという。この婚姻のあとに、頼義が相模守に就任したように書いているが、守《かみ》就任の三年後に義家が生まれていることからすると、この婚姻は頼義の相模守在任中であった可能性が高い。義家が生まれた一〇三九年、頼義はすでに五〇歳を超えていた。義家が嫡子《ちゃくし》になったのは、母方が軍事においてもっとも正統な家系に属していたからであろう。このことについてはあとで詳しく述べたい。

▼**源頼義**　九八八〜一〇七五年。頼信の長男。母の身分が低いために、当初は官位《かんい》においても弟の頼清《よりきよ》の下位に甘んじたが、武門としての名声をえて陸奥守となり、前九年の役を平定《へいてい》して河内源氏嫡流の地位を確立した。

▼**『陸奥話記』**　平安後期に成立した軍記。作者不詳。一巻。和風の漢文で記されている。前九年合戦の顛末を記し、源頼義・義家父子の功業をテーマとする。

源氏と平氏・北条氏との関係略系図

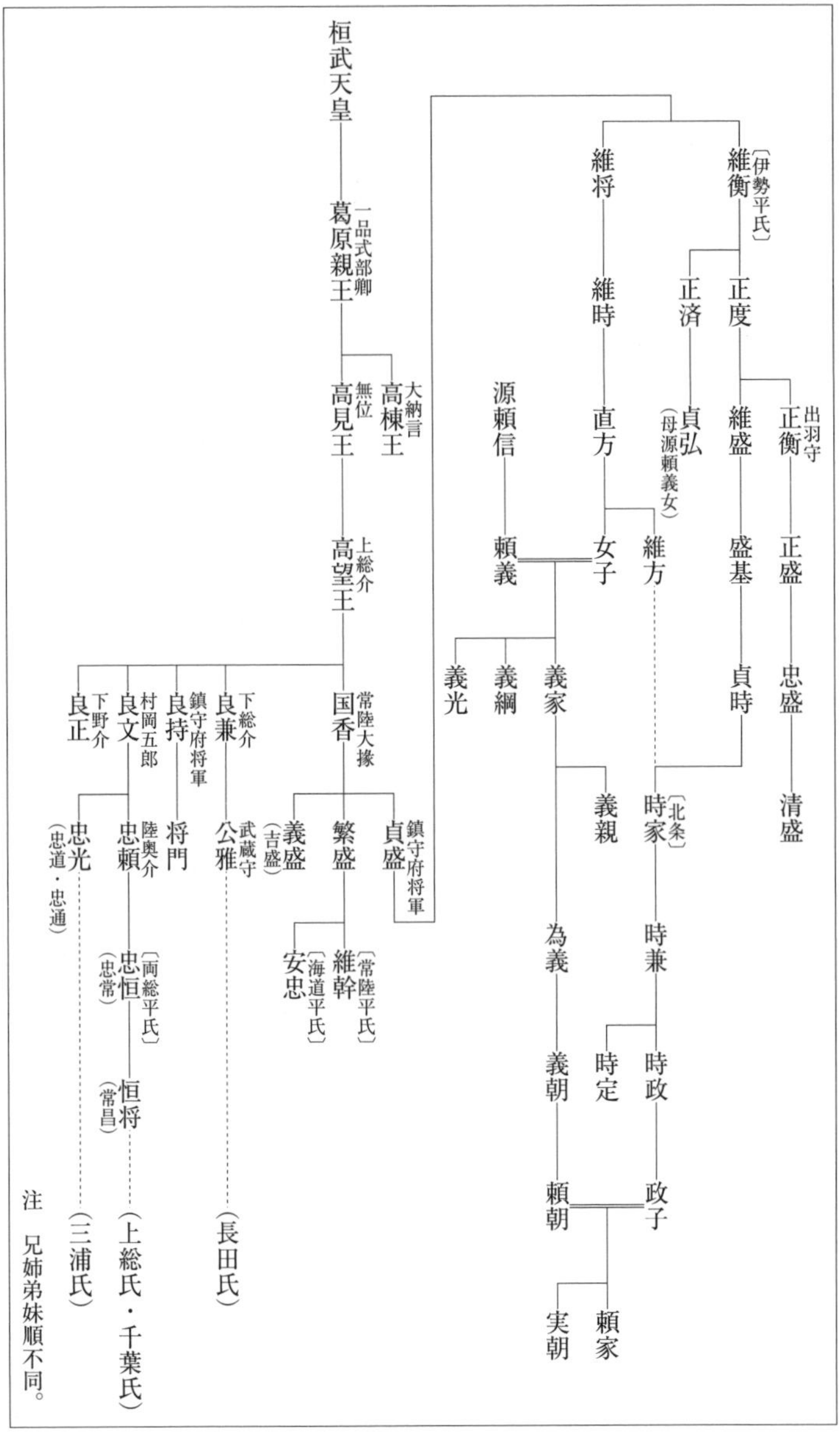

前九年合戦における活躍

前九年合戦《ぜんくねんかっせん》とは、一〇五一(永承《えいじょう》六)年から六二(康平《こうへい》五)年までのあいだ、奥州《おうしゅう》を舞台に王朝《おうちょう》政府の権力を背にした源頼義と在地の豪族《ごうぞく》である安倍氏《あべし》のあいだで繰り広げられた戦争である。古くは「十二年のたたかい」(『愚管抄《ぐかんしょう》』▲巻九)、「十二年の合戦」(『古今著聞集《ここんちょもんじゅう》』▲巻九)とか、「奥州十二年合戦」(『吾妻鏡《あずまかがみ》』▲承元《じょうげん》四〈一二一〇〉年十一月二十三日条)といったが、あとになって、義家の「後三年《ごさんねん》合戦」とあわせて一二年との思い違いが発生し、そのために三年を差し引いた「前九年」の呼称があらわれたのだという。

義家が前九年合戦中の黄海《きのみ》(現、岩手県一関《いちのせき》市藤沢《ふじさわ》町黄海)における戦いで、神業《かみわざ》と称されるような射芸を発揮して死地を脱したとき、まだ彼は弱冠《じゃっかん》一九歳の若者であった。彼は父母両系から武士としての優れた遺伝子を受け継ぎ、武門にふさわしい教育を受けていたであろうから、おそらく幼いころから驚異的な弓矢の技量を発揮していたにちがいない。しかし、残念なことに前九年合戦より前の彼について記した史料はまったくのこされていないのである。

義家は前九年合戦の恩賞《おんしょう》として出羽守《でわのかみ》に就任したものの、合戦終了から二年

▼**『愚管抄』** 摂関家《せっかんけ》出身で天台《てんだい》座主《ざす》であった慈円《じえん》が著わした歴史書。全七巻。一二二〇(承久《じょうきゅう》二)年までに成立したが、承久の乱《らん》後に増補された部分がある。

▼**『古今著聞集』** 一二五四(建長《けんちょう》六)年、下級貴族で琵琶《びわ》と絵画を能くした橘成季《たちばなのなりすえ》によって著わされた説話集。二〇巻三〇篇。九《く》条《じょう》家《け》旧蔵本、宮内庁書陵部蔵本などがある。

▼**『吾妻鏡』** 鎌倉幕府《ばくふ》の公的歴史書。編年体《へんねんたい》の五二巻。一一八〇(治承《じしょう》四)年に源頼朝《よりとも》が、平家打倒を命じた以仁王《もちひとおう》の令旨《りょうじ》を受けたことに始まり、一二六六(文永《ぶんえい》三)年の前将軍宗尊《むねたか》親王の帰洛《きらく》に終る。

▼**『朝野群載』** 平安後期の宣旨《せんじ》や官符などの文書を分類編纂した書。三〇巻。算博士《さんはかせ》三善為康《みよしためやす》の撰述。一一一六(永久《えいきゅう》四)年に完成したが、その後の補訂もある。

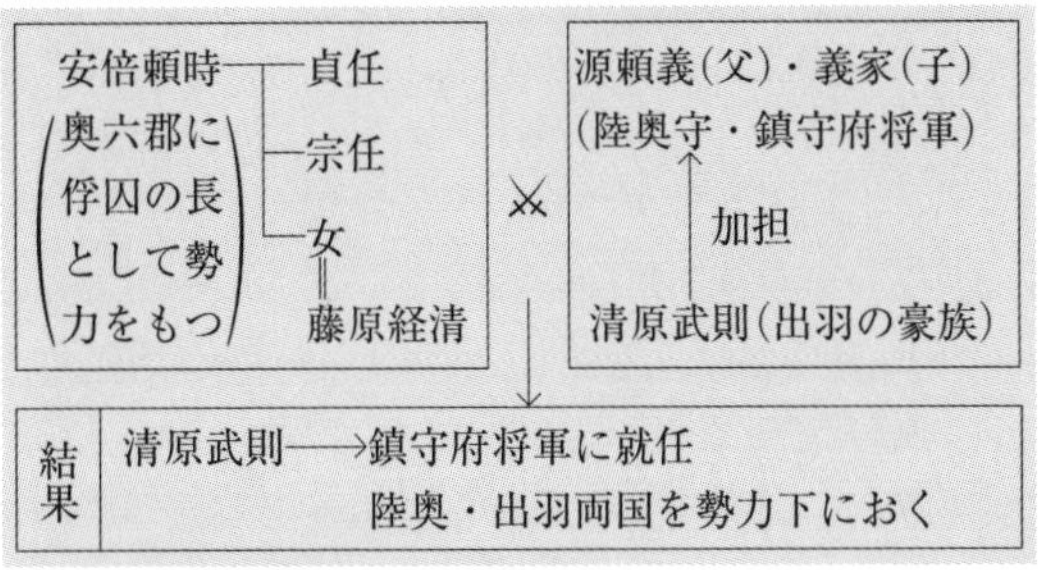

前九年合戦の構図

をへた一〇六四(康平七)年、父の任国《にんごく》である伊予国《いよのくに》と遠く懸け離れているために孝養をつくせないという理由で、越中《えっちゅう》守への転任を希望している(『朝野群載《ちょうやぐんさい》』▲)。おそらく孝養云々は口実で、出羽国は前九年合戦における事実上の勝利者である清原《きよはら》氏の本拠地であるから、ここでは国内支配が思うようにならなかったからであろう。

ところで、この戦争に、坂東《ばんどう》の武士たちが源氏によって動員されたことはよく知られている。しかし、それはあくまでも朝廷が安倍氏追討の官符《かんぷ》をくだしたためであり、純粋に頼義の私兵とみられるのは、義家の傔仗《けんじょう》(護衛官)をつとめた藤原季俊《ふじわらのすえとし》をはじめ修理少進《しゅりのしょうしん》藤原景通《かげみち》(頼信の郎等親孝《ろうとうちかたか》の甥で加藤《かとう》氏の祖)や河内国坂戸《さかと》(現、大阪府柏原《かしわら》市)の生まれという藤原則明《のりあき》(義家の乳人《めのと》で後藤《ごとう》氏の祖)ら、頼義が都《みやこ》から引きつれてきた畿内近国《きないきんごく》を本拠とする直属の郎等たちと、相模の散位《さんい》佐伯経範《さえきのつねのり》(波多野《はたの》氏の祖)らに限られる。相模からは、ほかにも平真《さね》平《ひら》(中村《なかむら》・土肥《どひ》氏の祖)・佐伯元方《もとかた》(海老名《えびな》・荻野《おぎの》氏の祖)らが「将軍(頼義)麾下《きか》坂東精兵」に名を連ねているが(『陸奥話記』)、それは平忠常《ただつね》の乱のあと、源氏がこの国を東国《とうごく》における拠点としたことによる。

安倍氏の軍勢(『前九年合戦絵巻』部分)

源氏の行軍(『前九年合戦絵巻』部分)

前九年合戦関係図

美濃における抗争

鎌倉《かまくら》時代に成立した説話集の『古事談《こじだん》』▲(巻四ノ十七)に、美濃《みの》源氏の武将源光《みつ》国《くに》と口論になった際、義家がかつて光国の父国房《くにふさ》を攻撃したときに手心《てごころ》を加えたという話をしたという記事がある。父頼義が逆修《ぎゃくしゅ》の法会《ほうえ》を営んでいる最中、国房に郎等が侮辱《ぶじょく》されたことを耳にした義家は、わずか三騎をともなって美濃に出撃し、途中でつぎつぎと合流した郎等たちをあわせて二五騎を率いて国房の本拠を焼討ちした。これを恐れて逃亡した国房を、それ以上追撃《ついげき》しなかったというのである。

国房は、義家の祖父頼信の兄で大江山《おおえやま》の酒呑童子《しゅてんどうじ》を退治した伝説で知られる頼光《よりみつ》(摂津源氏の祖)の孫にあたる。彼も伊豆《いず》・信濃《しなの》などの受領《ずりょう》を歴任した軍事貴族であったが、東大寺《とうだいじ》領茜部庄《あかなべのしょう》(現、岐阜市茜部)の下司《げし》となったことを利して美濃への進出をはかり、河内源氏などの一族と競合して、しばしば紛争を起こしていたのである。義家と国房の合戦については、村上《むらかみ》源氏の公卿《くぎょう》源俊房《としふさ》の日記である『水左記《すいさき》』▲康平七(一〇六四)年十月十九日条や『百錬抄《ひゃくれんしょう》』▲同年十二月二十四日条(ここに義宗とみえるのは義家の誤り)から知ることができる。ただし、

▼**『古事談』** 鎌倉時代、一二一二(建暦《けんりゃく》二)年から一五(建保《けんぽう》三)年のあいだに完成した分類体の説話集。六巻。中級貴族であった源顕兼《あきかね》の編。

▼**『水左記』** 土御門左大臣《つちみかどさだいじん》源俊房の日記。一〇六二(康平五)年から一一〇八(天仁《てんにん》元)年までのあいだの記事が断続的に存する。自筆本八巻が現存。前九年合戦に関係する記事は貴重。

▼**『百錬抄』** 『百練抄』とも。一七巻。鎌倉後期に成立した歴史書。九六八(安和《あんな》元)年から一二五九(正元《しょうげん》元)年までを編年体で記す。第八巻の高倉《たかくら》天皇以降の記述が詳しく、鎌倉時代の朝廷の歴史を知るうえで有用。

▼**尋円**　九七七〜一〇三一年。権中納言《ごんのちゅうなごん》藤原義懐《よしかね》の子。出家《しゅっけ》して天台僧となり、一条《いちじょう》・後一条《ごいちじょう》天皇の護持僧《ごじそう》をつとめた。一〇二八(長元元)年、法性寺《ほっしょうじ》座主となり、法印《ほういん》に叙された。

具体的なことはわからず、『古事談』の説話と同じ事件とは断定できないが、前九年合戦が終結して頼義・義家が帰京した後、河内源氏と美濃源氏のあいだに衝突が生じたことはまちがいない。

美濃国をめぐる河内源氏と美濃源氏のあいだの抗争は、義家と弟義綱《よしつな》の対立や、同じ地域を地盤とする源重宗《しげむね》(頼光の父満仲《みつなか》の弟である満政《みつまさ》の子孫)らとの軋《あつ》轢《れき》と絡まりつつ、つぎの世代にも受け継がれていく。元木泰雄氏も指摘するように、河内源氏にとって、美濃はきわめて重要な軍事的基盤だったのである。

河内源氏と美濃国との深い関係は、義家の祖父頼信の時代に生じたもののようである。平忠常の乱を鎮圧した頼信は、初めは勲功賞として丹波《たんば》守を望んだが、その後、「母の墓が美濃にあるので、その菩提《ぼだい》をとむらいたい」という理由から美濃守の拝任を希望している。これを聞いた尋円《じんえん》▲という僧は、「坂東の者が多く従ったので、京都との往復に便利だからだろう」とコメントしているが(『小右記《しょうゆうき》』長元《ちょうげん》四〈一〇三一〉年七月一日・九月十八日条)、そのとおりであろう。前述のように、頼信の母は、武人肌の貴族《きぞく》で和泉式部《いずみしきぶ》の夫として知られる藤原保《やす》昌《まさ》の姉妹であるが、この一族も坂東と深いつながりをもっていたのである。

③——延久年間における陸奥の賊徒追討

代替わりの賊徒追討

一〇七〇(延久《えんきゅう》二)年八月、下野守《しもつけのかみ》に在任していた義家は、隣接する陸奥国《むつのくに》で国の印鑰《いんやく》(国印《こくいん》と国倉《こくそう》の鑰《かぎ》)を奪うという事件を引き起こした散位《さんい》藤原基通《ふじわらのもとみち》▲を捕えている。前九年合戦《ぜんくねんかっせん》から七年目、ふたたび義家は陸奥に関係する事件で名声を博したのである。

この事件はちょうど、陸奥守源頼俊《よりとし》▲と現地の豪族《ごうぞく》である清原貞衡《きよはらのさだひら》▲が「衣曽別《えぞのわけ》嶋《しま》」(蝦夷島《えぞがしま》)の「荒夷《あらえびす》」や「閉伊七村《へいのしちそん》」の「山徒《さんと》」など、北陸奥の賊徒《ぞくと》を攻撃している最中に勃発したもので、後述するようにこの二つの出来事のあいだには密接な関係があった。

頼俊らの追討については史料不足のために不明な点が多い。即位直後の後三《ごさん》条《じょう》天皇がみずからの威信をかけて行ったとする説と、たんに偶発的な蜂起に対処したにすぎないという見方がある。しかしいずれにしても、摂関家をおさえて親政を開始した後三条天皇にとってはみずからの政治の正当性にかかわる追

▼**藤原基通**　一〇七〇(延久二)年七月以前のころ、陸奥守源頼俊が北方での軍事行動を行っていたすきに、国府《こくふ》を襲撃して印鑰を奪う事件を起こした。系譜的位置は不明だが、陸奥国の在庁官人《ざいちょうかんじん》で源義家の息のかかった人物とみられている。

▼**源頼俊**　生没年未詳。平安後期の軍事貴族。大和源氏の頼房《よりふさ》の子。左衛門尉《さえもんのじょう》となり、従五位下《じゅごいのげ》に叙せられたのち、一〇六七(治暦三)年に讃岐《さぬき》守、ついで陸奥守に任じられた。陸奥守在任中、清原貞衡とともに北方への軍事行動を行った。

▼**清原貞衡**　生没年未詳。平安後期の地方軍事貴族。繁盛流の海道平氏の出身だが、清原氏の養子となる。一〇七〇(延久二)年、陸奥守源頼俊とともに北方への軍事行動を行い、その功によって鎮守府将軍に任じられた。

討であり、源頼俊の責任は重大であった。

▼『**御堂関白記**』　藤原道長の日記。記述は九九八(長徳《ちょうとく》四)年から一〇二一(治安《じあん》元)年までにおよぶ。自筆本一四巻が京都の陽明《ようめい》文庫に現存する。摂関政治期の基本史料。

陸奥守源頼俊

源頼俊は一〇六七(治暦《じりゃく》三)年に陸奥守に任じられ、後三条天皇の勅命《ちょくめい》により蝦夷《えぞ》との合戦を行った。頼俊は、藤原道長《みちなが》がその日記(『御堂関白記《みどうかんぱくき》』▲)に「殺人の上手《じょうず》なり」と記したことで有名な頼親《よりちか》(大和源氏《やまとげんじ》の祖)の孫にあたる人物である。だから、義家にとっては又従兄弟《またいとこ》にあたる。

陸奥国は駿馬《しゅんめ》の産地であり、また武器・武具の材料となる鷲《わし》の羽や海豹《あざらし》の皮を入手できる国であったから、軍事貴族《きぞく》たちは陸奥守や鎮守府将軍《ちんじゅふしょうぐん》の地位を望んで、きそってこの国への進出を企てていた。義家は、父頼義《よりよし》が前九年合戦によって手中にした奥羽《おうう》における地位を頼俊に奪われかねない状況を目前にして、おそらく彼の息のかかった存在である藤原基通に国衙《こくが》襲撃という事件を惹《じゃっ》起《き》させたものと考えられる。

事は義家の思惑《おもわく》どおりに進み、隣国下野の国守《こくしゅ》であった義家は、みずから申請して出兵し、同年八月以前、基通を打ち破ったことを京都に報告。十二月に

藤原道長（『紫式部日記絵詞』部分）

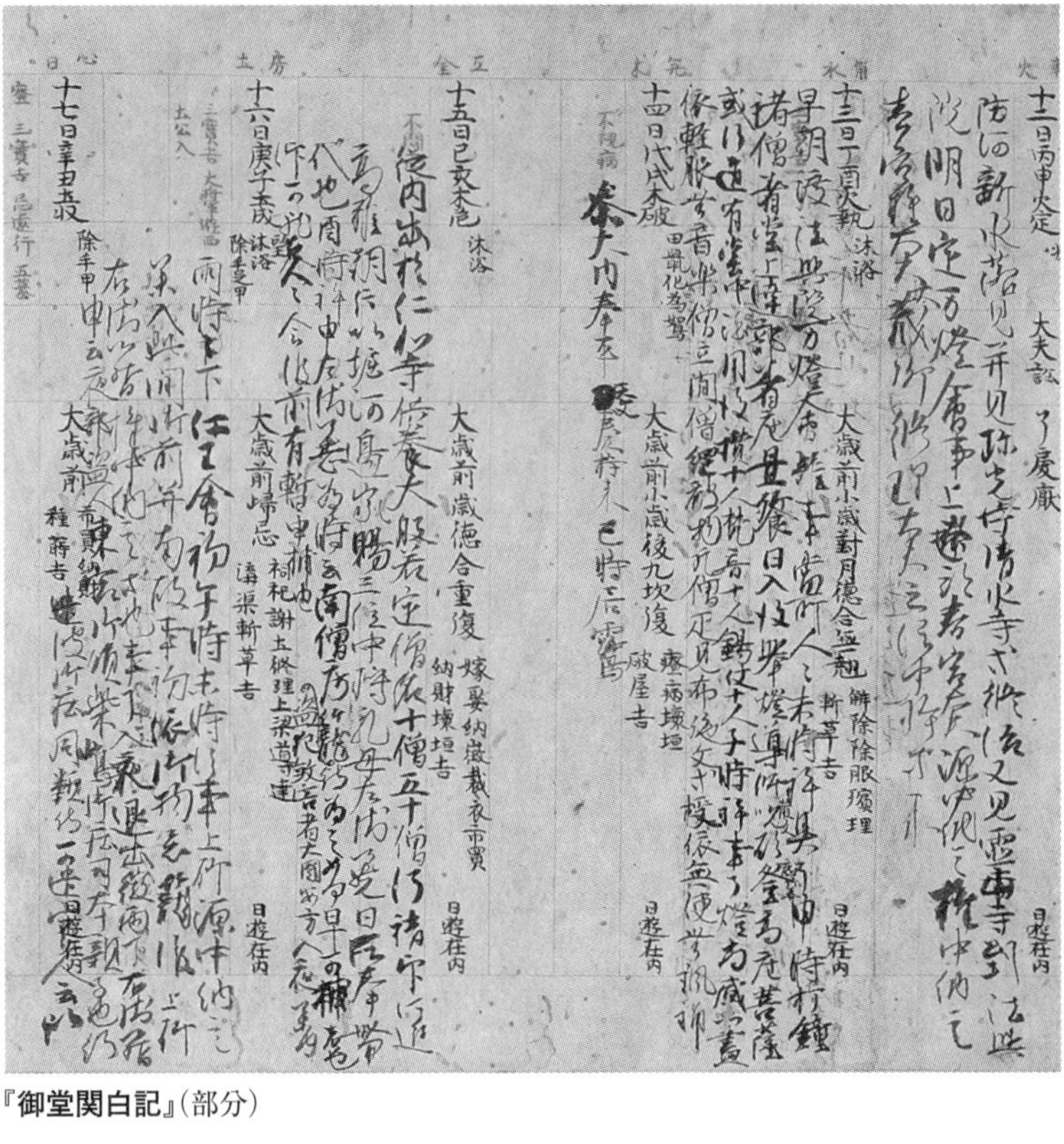

『御堂関白記』（部分）

は基通をともなって上洛《じょうらく》している。ちなみに、頼俊は陸奥守離任後も都《みやこ》で悪僧追捕《ついぶ》など軍事貴族として活躍する一方、後任の陸奥守 橘 為仲《たちばなのためなか》と連絡を取りあっているので、陸奥で獲得した利権は確保し続けていたようである。

後三年《ごさんねん》合戦のあと、源義家が平泉《ひらいずみ》の藤原(清原から改姓)清衡《きよひら》▲と結び、荘園寄進《しょうえんきしん》の仲介を行うなどの方法で陸奥における地盤の確保をはかったことはよく知られているが、頼俊も同様に動いたのであろう。義家は陸奥国の南部の海陸交通の要衝に位置する菊多《きくたの》(菊田)荘《しょう》(現、福島県いわき市)と白河《しらかわ》領(現、白河市)を押さえ、前者は弟の義光《よしみつ》、後者は子の為義《ためよし》▲に継承された。同じように、頼俊が陸奥につちかった勢力は、従兄弟にあたる有光《ありみつ》(藤原清衡の娘を妻に迎えたという)に受け継がれ、その子孫は菊田荘に隣接する石川《いしかわ》荘(現、石川町)に留住《りゅうじゅう》して石川氏を称している。

なお、十二世紀の初めのころ、源義家の弟の義光あるいは息子の義国《よしくに》やその子孫たちは積極的に坂東《ばんどう》北部に進出をとげている。義光の子孫は常陸《ひたち》の佐竹《さたけ》氏となり、義国は上野《こうずけ》・下野に進出し、その子孫は足利《あしかが》氏・新田《にった》氏となった。その背景に義家が東国《とうごく》に扶植した勢力と武威《ぶい》があったことはいうまでもない。そ

▼**藤原清衡**　一〇五六〜一一二八年。平泉藤原氏の祖。父は藤原経清《つねきよ》、母は安倍頼時《あべのよりとき》の娘。前九年合戦で父経清が討たれたため、母の再嫁先の清原氏のもとで育ったが、後三年合戦で源義家と結んで最終的な勝者となり、平泉に本拠を構えた。

▼**源為義**　一〇九六〜一一五六年。通説では為義は義家の嫡子《ちゃくし》である義親《よしちか》の子とされるが、最近、佐々木紀一氏の研究(参考文献参照)によって、義家の四男であったことが明らかになった。白河・鳥羽《とば》院政のもとで、強訴《ごうそ》の防衛などに従事したが、反社会的な行動が多いため院から疎外され、摂関家に臣従。子息を列島各地の摂関家領に配置し、地方武士の組織につとめた。

して、もう一つの要素として重要なのは、彼らが上野・下野の受領《ずりょう》・知行国《ちぎょうこく》主《しゅ》と姻戚関係で結ばれ、さらに積極的に中央権力と結び、一族間で分業する形で在京活動を展開していたこと、すなわち、都での活動によって保たれる貴族的な身分が在地の有力豪族と提携するうえで有効だったということである。

鎮守府将軍清原貞衡

一〇七〇(延久二)年、陸奥北方の賊徒の追討にあたった清原貞衡については、かつては後三年合戦に登場する「真衡《さねひら》」と同一人物と考えられてきたが、貞衡がこの追討の恩賞《おんしょう》として鎮守府将軍に任じられたにもかかわらず、『奥州《おうしゅう》後三年記《き》』▲にみえる真衡にはその官途《かんと》が記されていないことや、系図のなかでは史料としての信憑性《しんぴょうせい》の高い「桓武平氏諸流系図《かんむへいししょりゅうけいず》」(『中条家文書《なかじょうけもんじょ》』)の所見などから、平将門《たいらのまさかど》の乱を鎮圧した平貞盛《さだもり》の弟である繁盛《しげもり》流の子孫、すなわち、陸奥国南部に勢力を有した海道《かいどう》平氏の出身で清原氏を継いだ人物とする説が一般化しつつある。

清原貞衡が鎮守府将軍に補任されたにもかかわらず、源頼俊になんの恩賞も

▼**『奥州後三年記』**　後三年合戦の顚末を記した戦記物語。『後三年合戦絵詞《えことば》』の詞書《ことばがき》の部分に対する呼称である。絵詞の祖本は十二世紀後半に制作されており、文章のみの原本は、それ以前に藤原清衡の周辺で成立していたらしい。

鶴岡八幡宮　源頼義が一〇六三(康平《こうへい》六)年に石清水から勧請した由比若宮《ゆいわかみや》を、一一八〇(治承《じしょう》四)年、頼朝《よりとも》が現在地に移転させた。

あたえられなかった背景には前述した藤原基通の事件があった。頼俊はこのために国衙に引き返さなければならなくなって追討に専念できず、朝廷《ちょうてい》から功なしと評価されたばかりか、以後、その子孫の政治的地位は低迷を余儀なくされることになったのである。

前述のように、義家は頼俊の陸奥への進出に脅威を感じ、その妨害を企てたのであろう。陸奥・出羽両国は軍事貴族(武士)にとって、その家業を遂行するための必需品の宝庫であり、義家は「武士の長者《ちょうじゃ》」としての地位を固めるために、奥羽への進出を意識し、在地紛争に対する軍事介入の機会をつねに狙っていたのであろう。その結果、義家は北方守護の第一人者としての地位を保持することになり、このあとに発生した清原氏の内紛に際しては陸奥守に任じられることとなるのである。

義家は下野守を離れたあと、一〇八一(永保《えいほう》元)年、父頼義が相模《さがみ》国鎌倉《かまくら》に勧《かん》請《じょう》した八幡宮を修造している。京都と奥羽の中間に位置する鎌倉は、義家にとって奥羽進出の拠点、兵站《へいたん》基地として重要な場所であり、その地盤を固める意図があったものと思われる。

④——河内源氏と鎌倉

平直方の屋敷

鎌倉《かまくら》末・南北朝《なんぼくちょう》期に相模国藤沢《さがみのくにふじさわ》の遊行寺《ゆぎょうじ》(清浄光寺《しょうじょうこうじ》)にいた時宗《じしゅう》の僧由阿《ゆうあ》▲の手になる『詞林采葉抄《しりんさいようしょう》』▲には次のようなくだりがある。

平《へい》将軍貞盛《さだもり》の孫上総介直方《かずさのすけなおかた》、鎌倉を屋敷《やしき》とす。爰《ここ》に鎮守府《ちんじゅふ》将軍兼伊予守《いよのかみ》源頼義《みなもとのよりよし》、いまだ相模守にて下向《げこう》の時、直方の聟《むこ》と成給《なりたま》ひて、八幡太郎《はちまんたろう》義家鎮東《ちんとう》将軍出生し給ひしかば、鎌倉を譲り奉《たてまつ》りしより以来、源家相伝《げんけそうでん》の地として……。

【意訳】 平《たいらの》貞盛の孫直方は鎌倉を屋敷とした。源頼義が相模守として下向したときに直方の婿になり、八幡太郎義家が生まれたので、鎌倉を譲った。それ以来、鎌倉は源家相伝の地となった。

鎌倉は平直方の屋敷(居館を中核とした所領《しょりょう》)であり、源頼義が直方の婿となることによって獲得したというのである。

頼義が平直方の婿となり、義家が生まれた事情については『陸奥話記《むつわき》』に、

▼**由阿**　一二九一〜一三七九年?。鎌倉時代後期から南北朝時代の時宗の僧。和学者《わがくしゃ》。他阿真教《たあしんきょう》の門弟となり、相模国清浄光寺に住したが、関白《かんぱく》二条良基《にじょうよしもと》に招かれて上洛《じょうらく》。『万葉集《まんようしゅう》』を講じ、『詞林采葉抄』を献上した。

▼**『詞林采葉抄』**　南北朝時代に由阿が著わして二条良基に献上した『万葉集』の注釈書。実証的研究書として評価は高い。一〇巻。現存最古の古写本は一四〇五(応永《おうえい》十二)年の書写になる。

頼義は河内守《かわち》頼信朝臣《よりのぶあそん》の子なり。性沈毅《ちんき》にして武略多し。最も将帥《しょうすい》の器《うつわ》たり。長元《ちょうげん》の間、平忠常《ただつね》、坂東《ばんどう》の姦雄《かんゆう》として暴逆を事と為《な》す。頼信朝臣、追討使《とうし》として平忠常幷《なら》びに嫡子《ちゃくし》を討つ。軍旅《ぐんりょ》の間に在って、勇決《ゆうけつ》群を抜き、才気世を被《おお》う。坂東の武士、属せんことを楽《ねが》う者多し。もと小一条院《こいちじょういん》の判官代《ほうがんだい》たり。院畋猟《でんりょう》を好む。野中赴く所、麋《び》・鹿《ろく》・狐《こ》・兎《と》、常に頼義がために獲《と》らる。好んで弱弓《じゃっきゅう》を持てども、発《はな》つ所の矢、飲羽《いんう》せずということなし。たとい猛き獣といえども、弦《げん》に応じて必ず斃《たお》る。其《そ》の射芸の巧み、人に軼《す》ぎたること斯《かく》のごとし。上野《こうずけ》守（介）平直方朝臣、其の騎射に感じ、竊《ひそか》に相語りて曰《いわ》く、「僕不肖《ふしょう》なりといえども、苟《いやしく》も名将の後胤《こういん》たり。偏《ひとえ》に武芸を貴ぶ。しかるに未だ曽《かっ》て控絃《こうげん》の巧み、卿《きみ》のごとく能《よ》くする者を見ず。請う、一女を以《もっ》て箕箒《きそう》の妾《しょう》となさん」と。則ち彼《か》の女を納《い》れて妻となし、三男二女を生ましむ。長子義家、仲子義綱《よしつな》等なり。判官代の労によりて、相模守となる。俗武勇を好み、民多く帰服す。頼義朝臣、威風大いに行われ、拒捍《こかん》の類、皆奴僕《ぬぼく》のごとし。しかして、士を愛し施すことを好む。会坂《おうさか》より以東の士、大半門客《もんかく》となる。

【意訳】　頼義は人となり豪毅、沈着で、ことに騎射に優れていた。これに感じた平直方は頼義にこう語った。「自分はいたらぬ者ではあるけれども、いやしくも平国香《くにか》・貞盛ら名将の子孫であり、武芸を貴んでいる。その自分がいまだかつて、あなたほどの弓の上手な人はみたことがない。どうか私の娘をあなたの妻にしてください」。そして、八幡太郎義家・賀茂二郎《かもじろう》義綱・新羅三郎義光《しんらさぶろうよしみつ》ら三男二女が生まれたのである。頼義が小一条院判官代の労によって相模守となるや、相模国の気風は武勇を好んでいたので、住民は心服する者が多く、頼義の威風はおおいに行われ、それまで国守《こくしゅ》に反抗していた者たちもみな下僕のように従った。しかも頼義は士を愛し、施しを好んだから、近江《おうみ》国より東の武士は大半が門客になった。

とあり、さらに義家が平直方の娘の所生であることは、義家とほぼ同年代に在世した関白藤原忠実《かんぱくふじわらのただざね》の談話録である『中外抄《ちゅうがいしょう》』▲(仁平《にんぴょう》二〈一一五二〉年四月二十九日条)にも「義家の母は直方の娘なり」とあって『詞林采葉抄』の記述がおおむね正確であることがわかる。

平直方は、一〇二八(長元元)年に発生した平忠常の乱に際して追討使に任じ

▼『**中外抄**』　藤原忠実の談話録、公事書《くじしょ》。二巻。大外記《だいげき》中原師元《なかはらのもろもと》の筆記による。院政《いんせい》期の政務の実態などを知るうえで貴重な史料。

られた軍事貴族《きぞく》で、武門《ぶもん》の平氏一族のなかでは、当時もっとも有力な存在であった。彼の祖父（実際は曽祖父）にあたる貞盛は平将門《まさかど》の乱の鎮定者として有名であるが、その本拠は常陸《ひたち》国にあり、その子孫は都《みやこ》を活動の舞台とするようになっていた。鎌倉は東京湾沿岸諸国を扼《やく》する位置に所在し、地形的にもめぐまれた交通・軍事の要衝であるから、貞盛の時代のころから押さえるところであったのかもしれないが、直方が鎌倉を所領としていたのは、彼の祖父にあたる維将《これまさ》が相模介に任じられたことに起因するようである。

　相模介というのは相模国司《こくし》の次官であるけれども、藤原公任《ふじわらのきんとう》の『北山抄《ほくざんしょう》』▲（十、吏途指南《りとしなん》）の記事に維将が相模介として功過定《こうかさだめ》を受けていることがみえる。功過定とは勤務評定のことで、彼の在任時に長官である守は不在で、彼が受《ず》領《りょう》として赴任したことを意味するから、この間に維将が鎌倉を私領としたのかもしれない。これは正暦《しょうりゃく》年間（九九〇～九九五）のころのことと考えられる。

　直方は、武門平氏の族長として、この地を拠点にして平忠常の追討にあたったようだが、ついにそれを果たせず、彼にかわって源頼信が乱を平定することとなる。武名を失墜させてしまった直方は、その挽回《ばんかい》策として娘を頼信の嫡子《ちゃくし》

▼**『北山抄』**　十一世紀初めに藤原公任によって著わされた有職故《ゆうそくこ》実《じつ》・宮廷儀式書。一〇巻。書名は公任が晩年に京都の北山《きたやま》に隠棲したことにちなむ。

である頼義に嫁がせて婿となし、頼義に鎌倉を譲ったのである。

ちなみに、頼信の没年は一〇四八(永承《えいしょう》三)年と考えられ、それは義家の誕生から一〇年ほどあとのことである。あるいは、この武士の歴史に一つの画期をもたらした意義深い婚姻は、頼信の画策《かくさく》によるものであったのかもしれない。

源氏の鎌倉

こうしてみると相模国鎌倉は、坂東における軍事的リーダーの居所として伝統的な権威空間であったことが明らかであろう。十二世紀半ばには源義朝《よしとも》▲(義家の孫)・義平《よしひら》(義朝の長男)がここを拠点として南坂東の武士団の統合をはかり、一一八〇(治承《じしょう》四)年に伊豆《いず》で挙兵した頼朝が、「御嚢跡《ごのうせき》」(先祖ゆかりの地)として、この地をめざしたのも肯《うなず》けるのである。

その頼朝によって樹立された鎌倉幕府《ばくふ》の歴史を記す『吾妻鏡《あずまかがみ》』には、康平《こうへい》六(一〇六三)年、頼義が石清水八幡宮《いわしみずはちまんぐう》を勧請《かんじょう》して鎌倉郷由比《ゆい》(鎌倉市材木座《ざいもくざ》)に社殿を造営したこと、そして、前述のように、義家が永保《えいほう》元(一〇八一)年にいたって、これに修復を加えたという記事がみえる。

▼**源義朝**　一一二三〜六〇年。為義《ためよし》の長子。少年期を坂東で過ごし、鎌倉を本拠として南坂東の武士団を統合した。鳥羽《とば》院に抜擢され下野《しもつけ》守に任じ、保元の乱では父や弟と袂《たもと》を分かって後白河天皇方に立って活躍。武家の棟梁《とうりょう》としての地位を確立したが、平治《へいじ》の乱に敗れて東国に敗走する途中、家人《けにん》に討たれた。

平直方による平忠常の乱鎮圧は失敗に帰した。一〇三〇(長元三)年、直方は追討使を更迭《こうてつ》され、翌年、彼を支援するために上総介に任じられていた父維時《これとき》も、その職を辞した。在地における支配権を賭けての私戦であったからこそ忠常は頑強な抵抗を続けたのであろう。

追討に失敗した直方は坂東平氏をも含む武門平氏の族長として君臨する途をみずからの手でふさいでしまっただけでなく、武士(職業的戦士)としての名誉も著しく傷つけてしまった。その汚名を払拭《ふっしょく》するための手段としてとられたのが、忠常の乱を平定し、あらたな坂東の軍事的覇者となった源頼信の子頼義を婿に迎えることであった。この婚姻にともなう「鎌倉の屋敷」伝領には、直方の血統的権威および相模国内における直方の私的従者《じゅうしゃ》の譲渡が包摂《ほうせつ》されていたものと考えられる。

さきに引用した『陸奥話記』の記述は、直方の心情をよく表現しているように思える。彼はみずからの武門としての名誉を頼義に託したのである。頼義はその重い付託《ふたく》と引換えに、坂東における軍事担当者としての伝統的地位と、それに付随する相模国鎌倉の地を手にしたのであった。彼が相模守という公権を担ったことも鎌倉の価値を高めたことであろう。

その頼義と直方の娘とのあいだに生まれたのが義家である。血統のうえからも新興の源氏《げんじ》と伝統的な貞盛流平氏嫡流《ちゃくりゅう》の合体した存在であったから、彼はまさに生まれながらの「武士の長者」なのであった。

⑤—後三年合戦

清原氏の内訌

出羽国《でわのくに》の豪族《ごうぞく》清原武則《きよはらのたけのり》▲は前九年合戦《ぜんくねんかっせん》で源頼義《よりよし》を援《たす》けて安倍貞任《あべのさだとう》▲を討ち、その功によって鎮守府将軍《ちんじゅふしょうぐん》に任じられ、本拠地である出羽の山北三郡《せんぼくさんぐん》（雄勝《おかち》郡・山本《やまもと》郡・平鹿《ひらか》郡）に加えて、安倍氏旧領の陸奥《むつ》国奥《おく》六郡（胆沢《いさわ》郡・江刺《えさし》郡・和賀《わが》郡・志波《しわ》郡・稗貫《ひえぬき》郡・岩手《いわて》郡）を支配していた。武則の子には武貞《たけさだ》▲と武衡《たけひら》▲があり、武貞が父の遺領を継いで、これをその子真衡《さねひら》▲に伝えた。真衡は父祖の地盤を受けて、威名を四隣に響き渡らせたという。しかし、彼には子がなかったので海道《かいどう》平氏《へいし》の成衡《なりひら》を養子とし、源頼義と常陸《ひたち》平氏の多気権守宗基《たけごんのかみむねもと》（致幹《むねもと》）の娘とのあいだに生まれた女子（源義家《よしいえ》の異母妹）をその妻に迎えた。

その婚礼の祝宴に際し、一族の吉彦《きみこの》（吉美侯）秀武《ひでたけ》▲（武則の母の姉妹の子で、武則の女婿）は出羽国から陸奥の真衡の館にきて、進物を献じてこれを賀した。ところが真衡は客と碁《ご》を打つのに夢中で、秀武を無視した。面目を失った秀武は、真衡への臣従《しんじゅう》を拒否して出羽に帰ってしまった。真衡はおおいに怒り、兵を発

▼**清原武則**　生没年未詳。出羽国の豪族。前九年合戦で苦戦していた源頼義の要請に応じて参戦し、頼義を勝利に導いた。その功によって、一〇六三（康平《こうへい》六）年鎮守府将軍に補任され、奥羽に勢力をふるった。

▼**安倍貞任**　?～一〇六二年。陸奥国の豪族。頼時《よりとき》の子。前九年合戦に際し、一〇五七（天喜《てんぎ》五）年に頼時が戦死したあとも源頼義との戦いを継続したが、六二（康平五）年、清原氏の援軍をえた頼義に敗れ、厨川《くりやがわ》柵で戦死した。

▼**清原武貞**　生没年未詳。清原武則の長子。荒河《あらかわ》太郎と称す。前九年合戦ののち、安倍頼時の娘を妻に迎えて、出羽のみならず陸奥国奥六郡にも勢力を広げたが、合戦終結の数年後に死去したらしい。

▼**清原武衡**　?～一〇八七年。出羽国の豪族。武則の子。後三年合戦に際し、源義家と結んだ清衡

と戦った甥の家衡に味方して金沢柵に籠城したが、義家軍に包囲され、一〇八七（寛治元）年十一月、糧食がつきて落城、斬首された。

▼**清原真衡**　?〜一〇八三年。武貞の子。陸奥国の奥六郡を中心に奥羽地方を支配下におさめた。しかし、その独裁的な体制が一族の反発を招き、後三年合戦勃発のきっかけをつくった。出羽に出陣の途中、頓死した。

▼**吉彦秀武**　生没年未詳。出羽国の豪族。吉彦は「吉美侯」とも書く。清原真衡と対立し、後三年合戦のきっかけをつくった。

して秀武を攻めた。これが『奥州後三年記《おうしゅうごさんねんき》』の伝える後三年合戦の始まりである。

ところで真衡には二人の兄弟があった。一人は、前九年合戦に勝利した武貞が、敵将藤原経清《ふじわらのつねきよ》の妻となっていた女性（安倍頼時《よりとき》の娘）を妻に迎えたが、その連れ子の清衡《きよひら》。もう一人は、この女性と武貞とのあいだに生まれた家衡《いえひら》である。

秀武はこの二人に真衡打倒を誘い、これに同意した清衡・家衡は、真衡が出羽国の秀武を攻めたすきに乗じて兵を発し、陸奥国胆沢郡白鳥村《しらとり》（現、岩手県奥州市前沢《まえざわ》地区）の在家《ざいけ》四〇〇宇を焼いた。真衡は驚いて引き返し、清衡・家衡は直接対決を避けて兵を引いたので、状況は膠着《こうちゃく》状態となった。

義家の介入

こうしたさなか、一〇八三（永保《えいほう》三）年秋、源義家が陸奥守として赴任してきた。奥羽《おうう》への進出を意識し、北方守護の第一人者として、奥羽の在地紛争に対する軍事介入の機会を狙っていた義家に絶好のチャンスが訪れたのである。

前九年合戦での勝利によって、奥羽進出の足がかりをつかんだ父頼義は前年

奥六郡と山北三郡

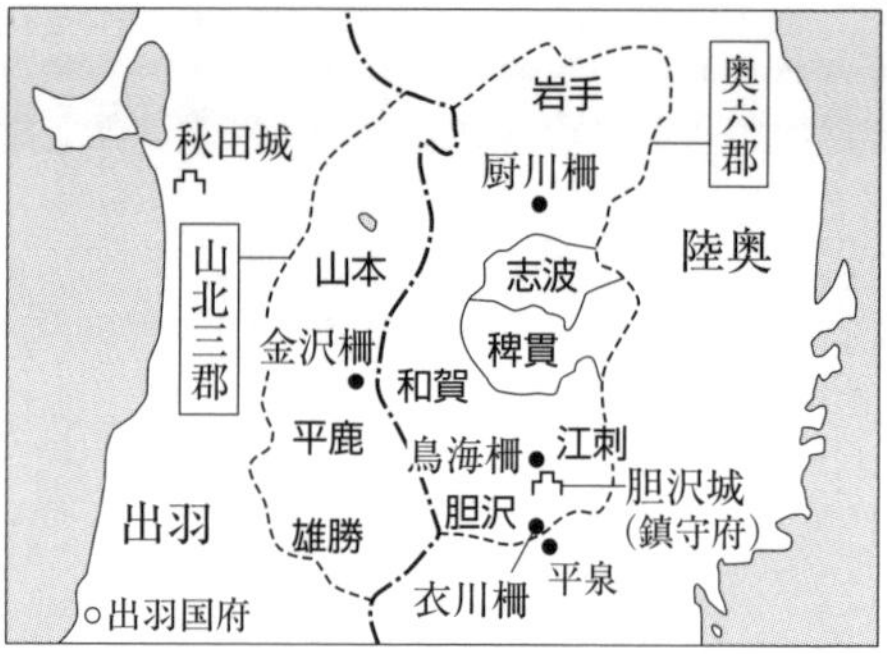

▼**重光**　生没年未詳。樋口知志氏の研究(参考文献欄参照)によれば、前九年合戦で藤原経清とともに討たれた藤原重久の遺児、すなわち、清衡の父方の従兄弟《いとこ》にあたる人物。

の七月、八八歳でなくなっていた。義家にとって、陸奥守への就任は父の遺志を継ぐ意味もあったことであろう。

真衡は陸奥に下向《げこう》した義家をおおいに歓待し、その了解をえて、数日後にはふたたび秀武追討のため出羽に向かった。するとその留守の館を清衡・家衡が攻めたので、真衡の妻は事情を義家に訴えて救援を求めた。

義家の軍を目にした清衡・家衡は逃走。この間、出羽に出陣していた真衡は病にかかって頓死したので、清衡・家衡は開戦の責任を清衡の親族ですでに戦死した重光《しげみつ》▲なる者に転嫁《てんか》して義家に降伏。義家はこれを認めて、陸奥の奥六郡のうち胆沢・江刺・和賀の三郡を清衡に、残りの稗貫・志波・岩手の三郡を家衡にあたえた。これによって清衡は江刺郡豊田館《とよたのたち》(現、岩手県奥州市江刺)を居館とし、出羽国の清原氏の本拠地は家衡に属することとなった。本来、真衡を継いで清原氏の嫡宗《ちゃくそう》を継ぐはずであった成衡は、この時点で、その地位を失ったもののようである。やがて、吉彦秀武も義家に従い、義家の意図はひとまず成功するかにみえた。

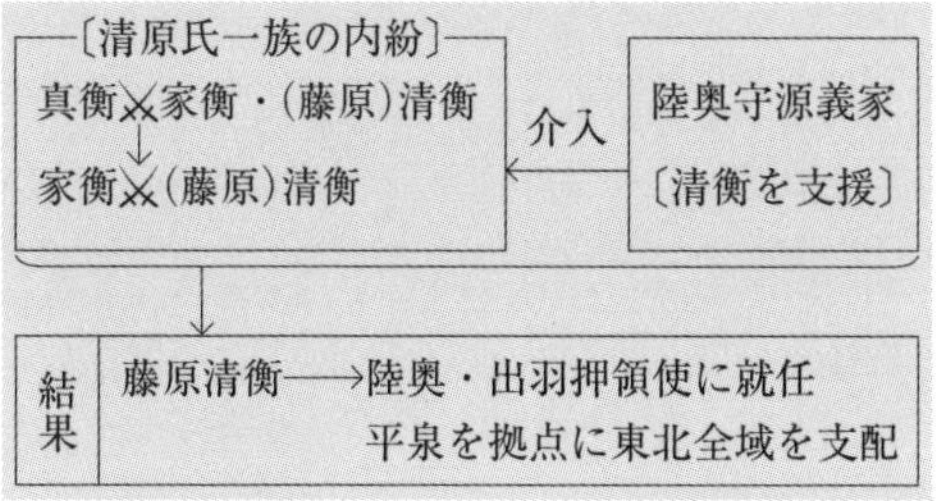

後三年合戦の構図

沼・金沢柵の戦い

ところが、ここにあらたな問題が発生する。それは、もともと清原氏と血のつながりのない清衡が、奥六郡のうち地理的に有利な南半分を継承したことに対して家衡が不満をもったことに起因する。

家衡はまず清衡の暗殺をはかったが失敗。ついで清衡の館を襲撃。清衡は妻子・眷属《けんぞく》を殺害されたが、みずからの命はまっとうし、義家を頼ったのである。義家は家衡を出羽国沼柵《ぬまのさく》(現、秋田県横手《よこて》市雄物川《おものがわ》町沼館《ぬまだて》)に攻めた。これは数カ月の攻防となり、やがて義家軍は大雪にあって利を失い、飢えと寒さで凍死する者が続出した。時に一〇八六(応徳《おうとく》三)年冬のことである。

一方、家衡の伯父武衡は家衡に加勢し、両者は金沢《かねざわ》柵(現、横手市金沢地区)によって義家に対峙した。このころ、義家の弟義光《よしみつ》は、左兵衛尉《さひょうえのじょう》として朝廷《ちょうてい》に出仕していたが、兄の苦戦を聞いて無許可で陸奥にくだっている。一〇八七(寛治《かんじ》元)年九月、義家は金沢柵の包囲を完成した。

金沢柵の攻防戦では、義家の麾下《きか》にあった鎌倉権五郎景正《かまくらごんごろうかげまさ》という相模の武士が、右眼に矢を射たてられながらも敵を殺し、その矢を引き抜こうとして彼の顔を踏んだ味方の武士を刺そうとした話や、義家が士卒《しそつ》の心を励ますために「剛臆《ごうおく》の座《ざ》」を設けた話など、かつて国民に武士的な精神を涵養《かんよう》するための教育の材料とされたエピソードが多い。しかし、この戦闘の実相は、近・現代の戦争のように、非戦闘員の大量殺戮《さつりく》によって決着がついた苛酷《かこく》なものであった。

義家は兵粮《ひょうろう》攻めの策をとったのである。清原軍は飢餓《きが》に苦しみ、城門を開いて柵内の女性や子どもを脱出させようとした。しかし、義家は柵内の人が減れば糧食《りょうしょく》のつきるのが遅れるという理由で脱出を阻《はば》み、そうした非戦闘員までも皆殺しにした。

十一月十四日、糧食の完全につきた金沢柵はついに攻め落とされ、家衡は逃走しようとして討たれ、すでに降伏を求めていた武衡も斬られて、合戦は決着した。

しかし、このとき、義家のとった敗者に対する処遇はきわめて残酷なものであった。義家軍の兵たちは金沢柵に「みだれ入《いり》て」清原軍の兵を虐殺し、「逃ぐる者は千万が一人なり」という凄惨《せいさん》な場面が現出された。柵内の美女たちは義家軍の兵たちの慰みものにされ、夫を殺された妻は鉾《ほこ》に刺された夫の首を追い

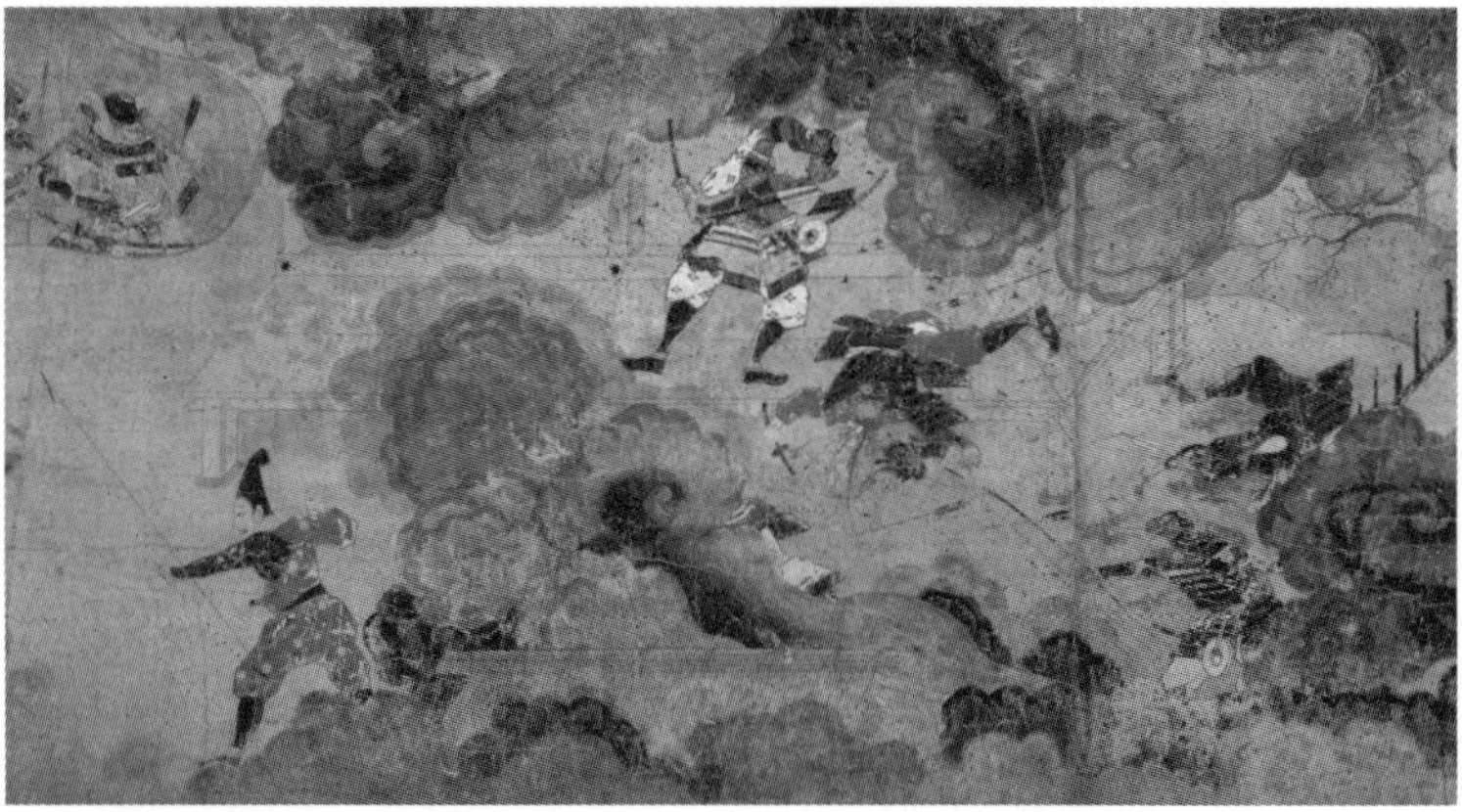

金沢柵の陥落(『後三年合戦絵巻』部分)

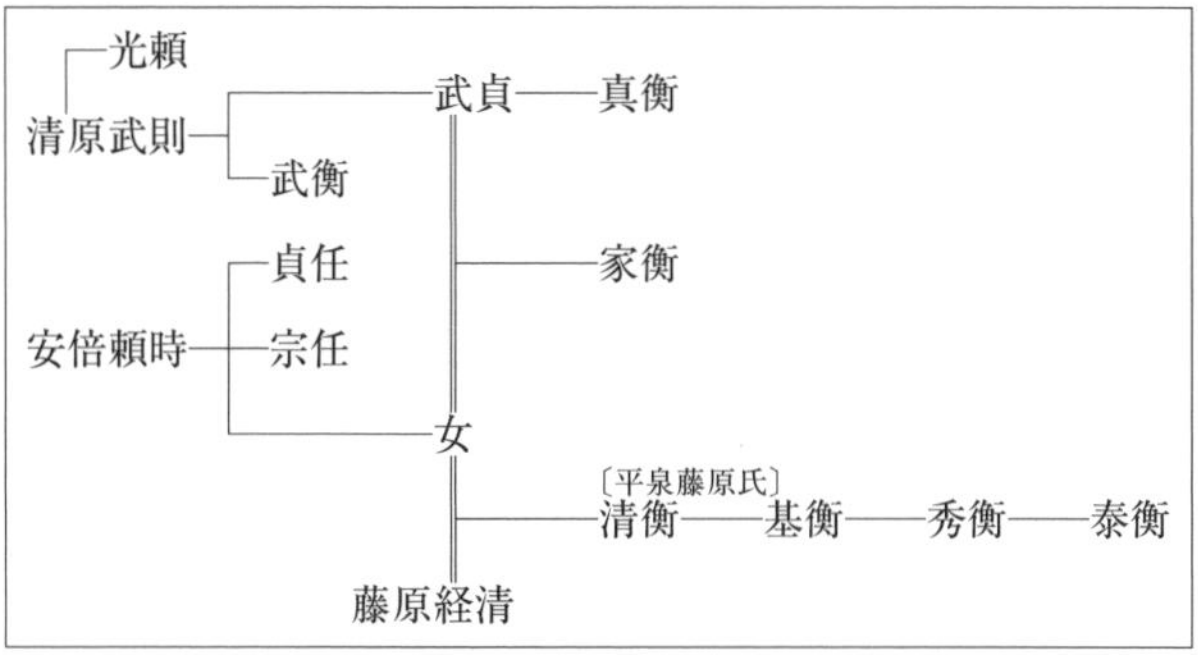

安倍・清原・平泉藤原氏関係系図

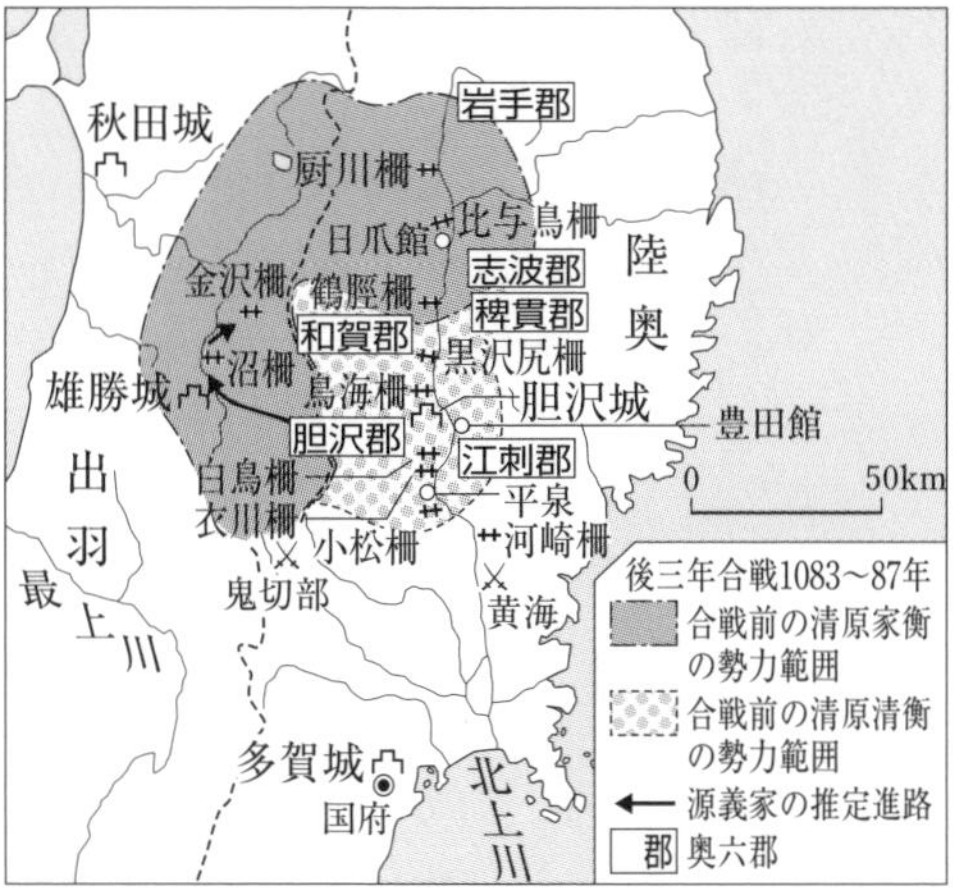

後三年合戦関係図

求めたという。

また、籠城中、前九年合戦における頼義の勝利が清原氏の援助によってなしとげられたことを指摘して義家に悪口をあびせた平千任《たいらのちとう》という武衡の郎等《ろうとう》に対して、義家は、金箸《かねばし》で歯を突き破って舌を引きだして切らせ、その身を木に吊《つる》して足の下に武衡の首をおくという、冷酷残忍な刑罰を科したという。平安末期の都《みやこ》びとのあいだで流行した今様《いまよう》のなかで、「鷲《わし》の棲《す》む深山《みやま》には、なべての鳥は棲むものか、同じき源氏《げんじ》と申せども、八幡太郎《はちまんたろう》はおそろしや」(『梁塵秘抄《りょうじんひしょう》』▲)と謡《うた》われた義家の実像を、この話はよく伝えている。

「義家合戦」

合戦のあと、義家は陸奥守の立場から、「武衡・家衡の謀反《むほん》は前九年合戦の貞任・宗任《むねとう》にすぎるものだった。私の力でたまたま討ちたいらげることができたが、早く追討の官符《かんぷ》をいただいて賊徒《ぞくと》の首を京都に届けたい」という内容の上申書《じょうしんしょ》(国解《こくげ》)を提出している。これに対して朝廷は、「武衡・家衡は義家の私的な敵ということである。官符をくだせば、勧賞《かんしょう》を行わなければならない。よ

▼**『梁塵秘抄』**　後白河院《ごしらかわいん》が撰した歌謡集。一一七九(治承《じしょう》三)年の成立。『口伝集《くでんしゅう》』一〇巻を含めて全二〇巻あったが、現存するのは一部のみ。五六六首の今様が収載されており、当時の社会を知るうえでも貴重。

って官符は発給しない」という対応を示した。これを聞いた義家は武衡らの首を道に棄てて、むなしく上洛《じょうらく》の途に就いたという。

陸奥守として赴任した当初、義家が味方した清原真衡は、「国宣《こくせん》(国守《こくしゅ》の命令)を重くし、朝威《ちょうい》をかたじけなく」するという、権力には従順な存在であった。したがって、これに反抗した勢力を鎮圧するという形をとれば公的な戦争となる。しかし、義家は清原氏に内訌《ないこう》の発生した時期をみはからったかのように陸奥守に就任している。

戦乱の発生に際して、朝廷は義家の弟義綱《よしつな》▲を使として出羽にくだそうとし、義綱を召して合戦の情報を問い、さらに合戦停止の官使《かんし》の派遣をはかるなど、積極的に状況の把握につとめている。その結果、朝廷は、この戦いを義家の私的な介入による戦争と判断した。

『後二条師通記《ごにじょうもろみちき》』▲(応徳三〈一〇八六〉年十一月二日条)に「義家合戦」とみえるように、この合戦は、前九年合戦後、陸奥・出羽を支配下におくにいたっていた清原氏の内訌に義家が進んで介入した私戦であった。前述のように、陸奥・出羽両国は馬・鉄・海豹《あざらし》皮・鷲《わし》羽など武士にとっての必需品の宝庫であり、義家は

▼**源義綱**　?〜一一三二年?。頼義の二男。母は平直方の娘。前九年合戦に従い、左衛門尉《さえもんのじょう》に任じられた。京武者《きょうむしゃ》として兄義家と競合。義家の後継者義忠《よしただ》殺害の嫌疑によって追討され、降伏・出家《しゅっけ》。佐渡《さど》に配流《はいる》ののち、ふたたび追討を受けて自害した。

▼**『後二条師通記』**　関白《かんぱく》藤原師通の日記。一〇八三(永保三)年から九九(康和《こうわ》元)年までの一七年間にわたるが、五年分が欠けている。白河院政《いんせい》期の重要史料。

「武士の長者《ちょうじゃ》」としての地位を固めるために、奥羽への進出をつねに意識し、在地紛争に対する軍事介入の機会を狙っていたのである。義家は頼義以来の目的である奥羽制覇を実現するために、清原氏内部の紛争に介入する意図で陸奥守に任じ、私戦を展開したのであった。

官職を投げ打って、苦戦する兄を救援するために陸奥にくだったという、後世、兄弟愛の美談として伝えられるようになった義光の行動も(五二ページ参照)、のちに彼が北坂東に勢力を扶植していることを考えると(常陸《ひたち》の佐竹《さたけ》氏は義光の子孫)、都で重用されている次兄義綱に対抗して、長兄義家の勢力の分け前にあずかろうとしたというのが真相のようである。

⑥—坂東との関係

坂東武士の動員

朝廷《ちょうてい》から追討官符《かんぷ》を受けて、諸国から兵士を公的に動員することが行われた前九年合戦《ぜんくねんかっせん》と異なり、後三年《ごさんねん》合戦は義家個人の編成した武力に頼った私戦であったという理解に基づいて、かつては義家と坂東《ばんどう》武士との関係を重視する見解が一般的であった。しかし、この合戦は義家が清原氏《きよはらし》の内紛に介入し、清原《きよはらの》(のち藤原《ふじわらの》)清衡《きよひら》や吉彦秀武《きみこのひでたけ》らを主力として戦ったのであるから、義家が坂東の武士を大量に動員したわけではないし、官符をえられなかった彼に、それは不可能なことであった。

義家の軍事力の主体を構成したのは、彼が陸奥守《むつのかみ》として赴任するに際して従ってきた受領《ずりょう》の郎等《ろうとう》と陸奥国の在庁官人《ざいちょうかんじん》たちである。当時、受領の赴任に際しては、その暴力装置として都《みやこ》で活動する五〜六位程度の軍事貴族《きぞく》が随行するのが一般的であり、後述するように、義家の腹心《ふくしん》の首藤《すどう》(藤原)資通《すけみち》(資道)もその一員ということができるのである。

後三年合戦で義家に従った坂東の武士のほとんどは相模《さがみ》国を本拠とする者である。父頼義《よりよし》が相模守に任じ、また平直方《たいらのなおかた》の婿《むこ》となることによって鎌倉《かまくら》を伝領したことが、その背景にあったことは確実である。前述(四一ページ参照)のように、『奥州後三年記《おうしゅうごさんねんき》』には、源義家の私兵として従軍した鎌倉権五郎景正《ごんごろうかげまさ》(村岡忠通《むらおかただみち》の孫)が目に矢を射られたので、それを彼の従兄弟《いとこ》にあたる三浦為次《みうらためつぐ》がぬいてやろうとしたのだが、顔に足をかけたので権五郎が怒ったという有名な武勇譚が語られている。ここに登場する鎌倉景正・三浦為次の本拠は、それぞれ相模国鎌倉郡(現、神奈川県鎌倉市・藤沢《ふじさわ》市周辺)、同三浦郡(現、神奈川県横《よこ》須賀《すか》市・三浦市・逗子《ずし》市・葉山《はやま》町)にあった。

ただ、彼らの動員は単に義家の武威に基づくものであっただけではなさそうである。ちょうど、義家が清原清衡を援《たす》けて再度の争乱が起こった一〇八六(応徳《おうとく》三)年、相模守に任じられていたのが義家の母方の従兄弟、すなわち平直方の娘である義家の母の姉妹の子である藤原棟綱《むねつな》だったからである。これは義家の後方支援の意味をもった人事であったとみてよいであろう。

もちろん、頼義や義家は、古くから坂東に根を張っていた在地武士(平良文《よしふみ》ら地方軍事貴族の子孫たち）の編成にも意をつくしている。これは『今昔物語《こんじゃくものがたり》集《しゅう》』の逸話に示される頼信《よりのぶ》の武威・調停能力や『奥州後三年記』に描かれた義家の姿に示される人心収攬《じんしんしゅうらん》の策で説明されがちであるが、そればかりではなく、官職の付与《ふよ》を仲介するようなことも行ったようである。たとえば、十二世紀末、武蔵《むさし》・下総《しもうさ》に有力な武士団を構成した豊島《としま》・葛西《かさい》氏の祖にあたる平常家《つねいえ》（恒家）は、南北朝《なんぼくちょう》から室町《むろまち》時代に成立した『源威集《げんいしゅう》』▲『神明鏡《しんめいきょう》』▲などに源頼義の郎等として前九年合戦に従ったことがみえ、いずれにも「豊島平傔仗《へいけんじょう》」の名乗りが記されている。貴人の護衛を任とする傔仗は鎮守府将軍に二人つけられ、将軍判授《はんじゅ》の官なのである（『職原抄《しょくげんしょう》』▲下）。頼義は鎮守府将軍として、彼を朝廷に推挙したのであろう。

源頼朝《よりとも》は一一八九（文治《ぶんじ》五）年の奥州合戦に際し、旗の寸法《すんぽう》から合戦の日程まで前九年合戦における頼義の故実《こじつ》を踏襲している。戦後、葛西清重《きよしげ》が奥州惣奉《そうぶ》行《ぎょう》に抜擢《ばってき》されたのも、清重が常家の子孫であったことが一つの理由だったのかもしれない。

ちなみに、源義家が下野守《しもつけ》だったときに陸奥守として北方の賊徒《ぞくと》追討にあた

▼**『源威集』**　南北朝時代に成立した軍記。二巻。常陸国の武士佐竹師義《もろよし》が著わしたと推定されている。源頼義から足利尊氏《たかうじ》にいたる源氏代々の威勢を描く。義家の出生地については「相州柳下《そうしゅうやぎした》」（現、神奈川県小《お》田原《だわら》市）と記す。

▼**『神明鏡』**　「しんめいかがみ」とも呼ばれる。神武《じんむ》天皇から後花《ごはな》園《ぞの》天皇までを編年体に記した歴史書。上下二巻。南北朝期に成立し、その後書き継がれたらしい。著者は不明。

▼**『職原抄』**　職原鈔とも書く。一三四〇（興国《こうこく》元・暦応《りゃくおう》三）年、幼少の後村上《ごむらかみ》天皇のため、常陸国小《お》田《だ》城にいた北畠親房《きたばたけちかふさ》が著わした公家《くげ》の官職に関する書。二巻。

った源頼俊《よりとし》は帰洛《きらく》したあとに、綸旨《りんじ》を受けて「武蔵国住人平常家」と伊豆《いず》国住人とみられる「散位惟房朝臣《さんいこれふさあそん》」を召し進めている（応徳三〈一〇八六〉年正月二十三日「前陸奥守源頼俊申文《もうしぶみ》」『平安遺文《へいあんいぶん》』四六五二号）。ここにみえる平常家は頼義に従った「豊島平傔仗」と同一人物とみられる。彼がいかなる理由で「召進《しょうしん》」されたのか、坂東の武士たちの奥羽における戦乱との関わりを考えるうえからも、興味の引かれるところである。

坂東に進出する源氏の郎等たち

前九年合戦や後三年合戦を通じて、坂東の武士が頼義や義家の麾下《きか》に編成されていくといわれるが、むしろ注目すべきことは、この時期に畿内近国《きないきんごく》出身の源氏《げんじ》直属の郎等が坂東各地に進出していることである。

前九年合戦のとき、頼義の敗死を覚悟した相模国住人の佐伯経範《さえきのつねのり》は「われ将軍に事《つか》えてすでに三十余年を経たり」といって壮絶な討死をとげたという（『陸奥話記《むつわき》』）。この佐伯氏が相模と関係をもったのは、経範の父経資《つねすけ》が頼義の相模守補任《ぶにん》に際して、その目代《もくだい》となって下向《げこう》したことに由来する。経範の子孫は摂《せっ》関家《かんけ》領波多野荘《はたののしょう》(現、神奈川県秦野《はだの》市周辺)を本領として波多野氏を称するようになるが、この波多野荘は頼義の仲介によって立荘されたものと考えられている。

また、『奥州後三年記』に源義家の「ことに身親しき郎等」とみえ、京都六条《ろくじょう》の源氏亭の向かいの左女牛《さめうし》西洞院《にしのとういん》に住んだという首藤資通▲の子孫は、十二世紀前半に下野に那須《なす》氏・小野寺《おのでら》氏、相模に山内《やまのうち》首藤氏を興し(『那須系図』など)、とくに山内首藤氏は頼朝の乳母《めのと》をだすこととなる。首藤氏は、美濃《みの》国席田郡《むしろたのぐん》司《じ》の守部《もりべ》氏を出自とする資清《すけきよ》(資通の父)が、武門《ぶもん》として著名な秀郷《ひでさと》流藤原氏の公清《きみきよ》の猶子《ゆうし》となり、主馬首《しゅめのかみ》に任じられたことに始まる家である。

『大中臣《おおなかとみ》氏略系図』によれば、常陸《ひたち》国の中郡《ちゅうぐん》(大中臣)頼経《よりつね》は、後三年合戦の際に義家が保護下においた清原成衡《なりひら》(真衡《さねひら》の養子で義家の妹婿にあたる)を下野国塩《しおの》谷《や》郡(のちに摂関家領の荘園《しょうえん》となる)の氏江《うじえ》(氏家)風見《かざみ》の楯《たて》(館)(現、栃木県塩谷町風見)で討ちとったという。乱の終息によって成衡が不要になった義家の命令によるものであろう。この系図によると、頼経の父頼継《よりつぐ》は上総《かずさ》介に任じられたことがあり、そのときに常陸国中郡(現、茨城県桜川《さくらがわ》市周辺)を賜ったが土着はせずに「不退在京《ふたいざいきょう》」したというが、頼継の上総介補任は確実な史料からは確認でき

▼首藤資通　生没年未詳。平安後期の京武者。主馬首藤原資清の子。後三年合戦に、源義家の郎等として従軍。その後、豊後権守《ぶんごごんのかみ》となる。義家の子義親《よしちか》が鎮西《ちんぜい》で濫《らん》行《ぎょう》を働いた際、召進の使者として下向したが、義親に与同した。

ない。常陸国中郡を賜ったというのは後三年合戦後、義家の弟の義光《よしみつ》が常陸国北部に地盤を築いたことと連動させて考えるべきことで、義家がなんらかの所職を直属の郎等であった大中臣氏にあたえたのであろう。

　このほか、源氏による奥羽勢力の征討に従って坂東に進出をとげたという伝えをもつ武家《ぶけ》として有名なのは下野国一宮《いちのみや》二荒山《ふたらさん》神社の社家《しゃけ》となった宇都宮《うつのみや》氏である。宇都宮氏は義家に従って下向した僧宗円《そうえん》▲を祖とすると伝えられており、その子孫は下野国の南東部から常陸国南西部に勢力を伸ばしている。

義家・義光の子孫たちの坂東進出

　もとより、軍事貴族・武士にとって武器・武具・馬、さらには情報、またそれらを入手するための富は、その存立を支えるものであり、それゆえに、物流の拠点たる水陸交通の要地の確保は差し迫った課題であった。後三年合戦で兄義家を援《たす》けるために朝廷に無許可で陸奥に下向したという「美談」で有名な義光▲（新羅三郎《しんらさぶろう》）が、海道《かいどう》の関所《せきしょ》ともいうべき勿来関《なこそのせき》が所在する陸奥国菊多《きくた》（菊田）荘（現、福島県いわき市）や久慈川《くじがわ》水系にそった常陸国北部に勢力を扶植したのも、

▼宗円　鎌倉幕府《ばくふ》の有力御家人《ごけにん》宇都宮氏の始祖とされる人物。『尊卑分脈《そんぴぶんみゃく》』には藤原道兼《みちかね》の曽孫で宇都宮座主《ざす》とあるが、確実な史料からは確認できない。

▼源義光　一〇四五〜一一二七年。義家の同母弟。音曲《おんぎょく》に通じ、笙《しょう》を豊原時光《とよはらのときみつ》に学んだという。後三年合戦後、陸奥南部や常陸に地盤を築き、佐竹氏や武田氏の祖となる。義家の死後、その後継者争いに関与。

こうした脈絡で理解できるであろう。

後三年合戦の際、義光が陸奥に下向し、左兵衛尉《さひょうえのじょう》を解官《げかん》されたのは一〇八七(寛治《かんじ》元)年九月のことであった。いったん都に戻った彼は刑部丞《ぎょうぶのじょう》に転任ののち、ふたたび東国《とうごく》にくだったようで、一一〇五(長治《ちょうじ》二)年二月、二年前から常陸に居住していた義光が、右大臣《うだいじん》藤原忠実《ただざね》のもとに帰京の猶予《ゆうよ》を請う書状を送ってきたことが知られる(『殿暦《でんりゃく》』▲)。

このとき彼の上洛を妨げたのは、隣国下野の足利《あしかが》郡(現、栃木県足利市)にいた甥(義家の子)の義国《よしくに》の存在であった。両者はそれぞれ在地の勢力に擁立されて対立する関係にあったのである。一一〇六(嘉承《かじょう》元)年六月、朝廷は東国の国司《こくし》に命じて義光らを召し進めさせ、一方の義国については、義家に命じて京都へ召還させている。

この義光の孫にあたる昌義《まさよし》は、常陸国北部の久慈川と山田川《やまだがわ》の合流点近くに位置する久慈郡佐竹《さたけ》郷(現、茨城県常陸太田《ひたちおおた》市)を本拠として佐竹氏の祖となり、その叔父(義光の子)の義清《よしきよ》は那珂川《なかがわ》水運の拠点に位置する那賀《なか》(吉田《よしだ》)郡武田《たけだ》郷(現、ひたちなか市武田)を本拠として武田氏の祖となる。武田氏はのちに甲斐《かい》源

▼**『殿暦』** 関白《かんぱく》藤原忠実の日記。もとの巻数や記載年次は不明だが、現存する写本は一〇九八(承徳《じょうとく》二)年から一一一八(元永《げんえい》元)年までの記事がある。白河院政《しらかわいんせい》期の政情を知るうえでの根本史料。

氏の嫡流《ちゃくりゅう》として発展をとげるが、もともとの名字《みょうじ》の地は常陸にあったのである。

一方、義光と争った義国の子孫は下野・上野《こうずけ》に地盤を築いて足利氏・新田《にった》氏として発展をとげることとなる。のちに、この義国は義家の後継者に立てられた為義《ためよし》と競合するにいたったらしく、一一一四(永久《えいきゅう》二)年八月、雑物《ぞうもつ》を押しとって上野国司に訴えられた「郎等家綱《いえつな》」の召進をめぐって為義と対立することがあった。

なお、断わっておかなければならないのは、この義光や義国の子孫たちが都との関係を断って坂東に完全に土着してしまったわけではないということである。彼らは必ず一族間で在地支配と在京活動を分担しており、たとえば義国が兵部《ひょうぶ》丞・式部《しきぶ》丞・加賀介《かがのすけ》を歴任し、院の北面《ほくめん》▲に祗候《しこう》したことが知られるように、歴代が「京武者《きょうむしゃ》」としても活動していたのである。したがって、その存在形態は坂東への留住《りゅうじゅう》ととらえるべきであろう。

▼**院の北面**　院御所《ごしょ》の北面を詰所とする院司《いんじ》の一つで、諸大夫《しょたいふ》身分以上の上北面と侍《さむらい》身分の下北面に分かれ、下北面はしだいに武士の比率が高くなったので、「北《ほく》面《めんの》武士《ぶし》」と呼ばれるようになった。

笠懸（『男衾《おぶすま》三郎《さぶろう》絵巻』部分）

⑦—白河院と河内源氏、その空間

義綱の威勢

一〇九一（寛治《かんじ》五）年六月、源義家・義綱《よしつな》兄弟が相互に兵を動員し、京で合戦《かっせん》を企てるという大事件が勃発した。貴族《きぞく》たちにとっては、天皇の住まう、清浄が保たれなければならない王城の地で血や死、暴力といった穢《けがれ》が発生することはなんとしても避けなければならないことであった。そもそも武士とは、王権や首都を穢から守るために存在するものなのである。このとき、朝廷《ちょうてい》は義家にのみ処罰を行っている。その内容は、五畿七道《ごきしちどう》に対して「随兵《ずいひょう》」の入京と、義家に対する諸国百姓《ひゃくせい》の荘園《しょうえん》寄進《きしん》の禁止を命じるものであった。このうち「随兵」とは、「国司《こくし》随兵」すなわち、義家の郎等《ろうとう》でありながら、受領《ずりょう》の郎等として各地に下向《げこう》していた畿内近国《きないきんごく》を本拠とする軍事貴族を意味する。

義家・義綱の兄弟が対立した原因は二人それぞれの郎従《ろうじゅう》である藤原実清《ふじわらのさねきよ》と清原則清《きよはらののりきよ》（どちらが義家の郎従であったかは不明）が、河内国《かわちのくに》における所領《しょりょう》を争ったことにあった。彼らはそれぞれが義家・義綱の腹心《ふくしん》だったのであろう。それにしても、この事件の背景には、後三年合戦《ごさんねんかっせん》以後、義家は前陸奥守《むつのかみ》のままで低迷していたのに対して、義綱のほうは、兄が陸奥にくだっているあいだに摂関《せっかん》家《け》と密接な関係を結んで立場を向上させていたから、河内源氏《げんじ》の族長権をめぐる対立も伏在していたことが想定される。

一〇九二(寛治六)年二月、義綱は、関白師実《かんぱくもろざね》▲の孫で当時中納言《ちゅうなごん》の地位にあった藤原忠実《ただざね》▲が春日祭《かすがのまつり》の上卿《しょうけい》(行事執行の責任者をつとめる公卿《くぎょう》)として南都《なんと》(奈良)に下向した際、これに随行し、その帰途、南山城《やましろ》の綺田河原《かばたがわら》(現、京都府木《き》津川《づがわ》市)で笠懸《かさがけ》(前ページ写真参照)を行っている。射手《いて》をつとめたのは義綱の郎等たちであるが、義綱に従っていた武者《むしゃ》二〇人のうち、五位の位階《いかい》をもつ者は一〇人におよんだという(『後二条師通記《ごにじょうもろみちき》』)。義綱の威勢のほどが想像できよう。

このころ、奥羽《おうう》地方ではふたたび戦乱の予兆があらわれていた。同年六月以前には陸奥守藤原基家《もといえ》▲から藤原清衡《きよひら》に挙兵の動きがあるとの急報が都《みやこ》にもたらされていたのだが、続いて出羽《でわ》国で平師妙《たいらのもろたえ》▲が国衙《こくが》を襲撃して財宝を奪うという事件が発生したのである。師妙は前九年《ぜんくねん》合戦で安倍氏《あべし》の部将として活躍した平国妙《くにたえ》の子か孫と考えられる。藤原清衡の父経清《つねきよ》は国妙の外甥《がいせい》であったから、

▼藤原師実　一〇四二〜一一〇一年。関白頼通《よりみち》の子。母は藤原祇《まさ》子《こ》。叔父教通《のりみち》の死後、氏長者《うじのちょうじゃ》、ついで白河天皇の関白となり、一〇八六(応徳三)年、養女賢子《かたこ》所生の堀河天皇が即位すると、その摂政となった。

▼藤原忠実　一〇七八〜一一六二年。師通の子。白河・鳥《と》羽《ば》院政期に関白・摂政を歴任。摂関家領の統合や摂関家の権威の回復につとめた。しかし、二男頼長《よりなが》を推して嫡男《ちゃくなん》の忠通と対立。それが保元の乱の伏線となった。

▼藤原基家　?〜一〇九三年。北家《ほっけ》道綱《みちつな》流、参議《さんぎ》兼経《かねつね》の子。母は隆家《たかいえ》の娘。一〇八八(寛治二)年陸奥守となり、九三(同七)年任国《にんごく》において死去した。

▼平師妙　?〜一〇九四年。出羽国の豪族《ごうぞく》。「平不負《へいふふ》」と呼ばれた散位《さんい》平国妙の子か孫とされる。一〇九三(寛治七)年、子の師季《もろすえ》とと

もに出羽守源信明《のぶあき》の館を襲撃したが、翌年、陸奥守源義綱の郎等に討たれた。

この事件は清衡の動きに呼応するものであったとも考えられる。そうしたなか、一〇九三(寛治七)年十月、任地で死去した藤原基家にかわって義綱が陸奥守に任命された。すでに義綱は義家の声望を凌駕《りょうが》していたのであろう。

翌年、平師妙の追討を命じられた義綱は、みずからが現地に赴くにさきだって郎等の藤別当《とうのべっとう》らを派遣したところ、彼らはたちまちのうちに追捕《ついぶ》を果たしてしまい、三月八日、義綱は降人《こうにん》と賊徒《ぞくと》の首を携えて入京するにいたる。このとき、都の人びとは熱狂のうちに彼らを出迎えたという。藤原宗忠《むねただ》▲は、この日の日記に「武勇の威、おのずから四海に満つるの致す所か」と記している(『中右《ちゅうゆう》記《き》▲』)。この夜、臨時の叙位《じょい》が行われて、義綱は従四位上《じゅしいのじょう》に叙され、位階のうえでも兄義家と肩をならべることになったのである。

この翌年の正月、義綱は河内源氏にとってゆかりの深い美濃《みの》国の国守《こくしゅ》に任じられている。この処遇は、長く前陸奥守のままにおかれていた義家とは雲泥《うんでい》の相違といえよう。

義家の不遇の理由について、かつては朝廷《ちょうてい》が、義家が最有力の武士として勢力を増大していくことを恐れてあえて抑圧の策をとったことによるというよう

▼**藤原宗忠**　一〇六二〜一一四一年。権大納言《ごんだいなごん》宗俊《むねとし》の子。母は式部大輔《しきぶのたいふ》藤原実綱《さねつな》の娘。実務官僚としての昇進ルートをあゆみ、蔵人頭《くろうどのとう》や検非違使別当をへて、一一三六(保延《ほうえん》二)年右大臣《うだいじん》に任じた。

▼**『中右記』**　藤原宗忠の日記。書名は宗忠が「中御門《なかみかど》右大臣」と呼ばれたことに由来する。一〇八七(寛治元)年から一一三八(保延四)年までの五二年間の記録。とくに検非違使別当在任中の記事は貴重。

な説明がされていた。しかし、当時の武士をそのように理解するのは、のちに武家政権が樹立されたという歴史の結果を前提に、武士の力を過大に評価したあやまった見方といわざるをえない。

そもそも、後三年合戦の経過からも明らかなように、義家の行動は清原氏内部の抗争に私的な勢力拡大の意図に基づいて介入したものであって、義家は解決をはかるというよりも、むしろ問題をこじらせて紛争を拡大させているのである。『奥州《おうしゅう》後三年記《ごさんねんき》』には、清原真衡《さねひら》が「国宣《こくせん》を重くし、朝威《ちょうい》をかたじけなく」したのに対して、義家は「国の政事をとどめて、ひとへにつはもの（武器）をととの」えたとあり、国内の政務をないがしろにして戦争にばかり意を用いていたことが看取される。これを裏づけるように、『中右記』承徳《じょうとく》元（一〇九七）年二月二十五日条には「前陸奥守義家、合戦の間、金を貢《みつ》がず」とみえ、義家が乱の終息後一〇年ほどへた時点においても、陸奥守時代に負担しなければならなかった朝廷に対する砂金《さきん》の貢納を果たしていなかったことが知られるのである。朝廷からしてみれば、義家は徴税をおこたったあげく、辺境の紛争を増幅させる無能な国司であったことになろう。

任国に赴任する受領の一行(『因幡《いなば》堂縁起《どうえんぎ》絵巻』部分)

後三年合戦が始まった直後の一〇八六(応徳《おうとく》三)年正月、七〇(延久《えんきゅう》二)年に陸奥守として北方の賊徒追討にあたった源頼俊《よりとし》が、その功績を主張して朝廷に讃岐《さぬき》守補任を望んだ申文《もうしぶみ》(『平安遺文』四六五二号)のなかで、彼の行動を妨げた義家に対する批判を述べたことも義家への不信感を増幅させたものと思われる。同年九月、朝廷では義綱の出羽派遣が協議され、翌年七月には「奥州合戦停《ちょう》止《じ》」の官使の派遣が決定されることになる。義家を援《たす》けるために奥州に下向した義光が官職を奪われたのも、朝廷の義家に対する批判的な姿勢を示すものとみることができる。それと同時に、ともに平直方の娘を母とする義家(八幡太郎《はちまんたろう》)・義綱(賀茂次郎《かもじろう》)・義光(新羅三郎《しんらさぶろう》)の三兄弟が、後三年合戦の過程で、異なった政治的な立場を占めるにいたったこともうかがうことができるのである。

荘園構立仲介の禁止

一〇九一(寛治五)年六月、義家と義綱の合戦の危機が迫ったときに、朝廷が「国司随兵」、すなわち受領の郎等として諸国にくだっていた義家の郎等の入京を禁止し、諸国百姓に義家に対する荘園の寄進を禁じたことは前述したところである。このうち、前者については同時代史料である『後二条師通記』に所見するが、後者は鎌倉《かまくら》時代に編纂された『百錬抄《ひゃくれんしょう》』のみにみえる事実である。『後二条師通記』には、翌年五月に義家が立てた荘園の停止が命じられたという記事があるから、『百錬抄』は一年前の事件と混同した可能性のあることが元木泰雄氏によって指摘されている。これによれば、義家に対する荘園寄進というのではなく、義家による荘園寄進の取次ぎが禁止されたことになる。当時の受領が地方の開発領主と中央の権門《けんもん》のあいだに立って、所領《しょりょう》寄進の仲介を行っている例は数多い。義家は奥羽の人びとと京の摂関家藤原氏などとのあいだに立って、盛んに荘園寄進の仲立ちの役割を果たしていたのであろう。

一〇九二(寛治六)年の十二月、出羽国の摂関家領小田島《おだしま》荘(現、山形県東根《ひがしね》市)について国司から免判《めんぱん》(荘園として認められたことの証拠書類)の提出要求があり、摂関家でもその対応に苦慮していたことが『後二条師通記』(同月四日条)にみえる。この国司からの免判提出要求は五月の命令に基づくものであり、この荘園が義家によって構立されたという嫌疑を受けたことによるのであろう。

後三年合戦のあと、奥羽の現地支配者となった藤原清衡が、はじめて摂関家に使者を送ったことが史料に所見するのは一〇九一（寛治五）年十一月のことで、清衡は馬とともに二通の書状をいれた文筥《ふばこ》を進上している。大石直正氏は、このころ、義家が摂関家と疎遠になっていたことから、清衡が義家の有していた奥羽の摂関家領荘園に関する管理権を継承する目的で、この貢馬《こうば》が行われたことを推測している。

摂関家・院との関係

一〇九二（寛治六）年二月、関白師実の孫で春日祭の上卿となった忠実に郎等を率いて供奉《ぐぶ》したことに示されるように、義家の弟義綱は摂関家と密接な関係を取り結んでいた。義綱が仕えたのは堀河《ほりかわ》天皇の摂政《せっしょう》・関白をつとめた藤原師実・師通の父子二代である。師実は白河院《しらかわいん》との協調をはかったが、師通は院の政務への介入を排除して堀河天皇の親政《しんせい》を積極的に進めようとしたことで知られる。義綱が一〇九五（嘉保《かほう》二）年の春の除目《じもく》（人事異動）で、祖父頼信《よりのぶ》以来はじめて美濃守に就任することを果たしたのは、この師通が関白に就任して早々のことであった。美濃守となった義綱は、延暦寺《えんりゃくじ》の悪僧《あくそう》が国内に不法に設置した荘園の収公《しゅうこう》を進めたが、同年十月、このことに怒った延暦寺僧徒《そうと》が日吉《ひえ》神社の神輿《みこし》を奉じて入京するという挙にでようとした。このときも、関白師通は義綱をかばい、義綱本人にまで出動を命じて、僧徒の撃退にあたらせている。

しかし、一〇九九(康和元)年六月、関白師通は三八歳の壮年にして急死してしまう。しかも、その原因は延暦寺・日吉神社などによる呪詛《じゅそ》であると噂《うわさ》された。義綱に対しては当然怨嗟《えんさ》の声が湧き起こることとなる。

一方、河内源氏の族長としての地位を弟の義綱に奪われる形となっていた義家は、これをきっかけにして、その立場を回復することになった。彼は白河院が天皇に在位していたころから、その信任をえていたからである。

一〇八一(永保《えいほう》元)年十月十四日、当時の白河天皇が石清水八幡宮《いわしみずはちまんぐう》に行幸《ぎょうこう》した際、義家は関白師実の前駆《ぜんく》として束帯姿《そくたい》で供奉していたが、夜になると略装の布衣《ほい》で天皇の輿《こし》の近くに従うなど、義家と白河院は在位中のころから良好な関係にあった。鎌倉時代に成立した『古事談《こじだん》』という説話集に、「物《もの》の怪《け》」に悩まされた白河院が義家使用の弓を枕元においたところ、二度とそれがあらわれなくなったという話があるのも、こうした事実を背景にしているのであろう。

延暦寺僧徒の強訴（『山法師強訴図屏風』部分）

武装した僧徒

一〇九八(承徳二)年十月、不遇な立場にあった義家が院の御所《ごしょ》での昇殿《しょうでん》を許されたのは、義家がこの年の正月にいたって陸奥守在任中に滞納していた官物を完済し、四月に正四位下《しょうしいのげ》に昇叙《しょうじょ》されたことを前提にしているものだが、白河院の強い引級《いんきゅう》によるものであったことはまちがいなかろう。これを知った藤原宗忠は、彼の日記『中右記』に、「義家朝臣《あそん》は天下第一の武勇の士なり」と述べつつも、「昇殿をゆるさるるに、世人、甘心《かんしん》せざるの気あるか」と、貴族間における義家に対する微妙な評価を記している。

京都六条の源氏亭

白河院と義家の関係をよく示すのが院御所と義家の邸宅の位置関係である。一〇八二(永保二)年に大内裏《だいだいり》のなかにあった本来の内裏が焼亡してからのち、白河院は在位中の里内裏《さとだいり》として、六条坊門《ろくじょうぼうもん》南・高倉《たかくら》西に造営した六条院を堀河院(平安京左京三条二坊九・十町に所在)とともに頻繁に使用していた。そして、ここを院御所とするにあたって、一町規模だったものを南北二町の広壮な規模に改めた。修造には四年の期間を要し、完成したのは一〇九一(寛治五)年のことで、実質的には新造されたようなありさまであったらしい。この御所は南北が六条大路《おおじ》と六条坊門小路《こうじ》、東西が高倉小路と東洞院《ひがしのとういん》大路によって隔てられ、広大な池庭《ちてい》をともなうものであった（さらにその領域は、東側の南北二町にもおよんだとする説もある〈六七ページ図参照〉）。

このほか、白河院は左京《さきょう》六条の一帯に多くの御所を所有していたようで、院政を開始した翌年から院御所とした中院《なかのいん》（当初は六条院と呼ばれた）は、南北が六条大路と楊梅《やまもも》小路、東西が烏丸《からすま》小路と室町《むろまち》小路に囲まれたところにあり、また、その北側の六条坊門南・烏丸西の地には一一〇七（嘉承《かじょう》二）年に即位した鳥羽《とば》天皇（白河院の孫）の里内裏となった小《こ》六条院、そして六条北・万里《まで》小路東にも六条東殿という御所を所有していたらしい。

この周辺には外戚《がいせき》家や院の近臣《きんしん》の邸宅が設けられたが、注目すべきことはここに河内源氏の邸宅が構えられていたことである。まず、源氏累代《るいだい》の館といわれ、義家の子の為義《ためよし》の本邸とされ、のちに義経《よしつね》も使用した六条堀河亭《てい》である。『中古京師内外地図《ちゅうこけいしないがいちず》』（近世の成立）は、その位置を六条二坊十二町としている。また七条三坊一町には義家の六条左女牛《さめうし》亭があり、のちに源頼朝《よりとも》がここに六条若宮《わかみや》八幡宮を造営することになる。六条二坊十五町には源頼義《よりよし》が建立《こんりゅう》した阿弥《あみ》陀仏《だぶつ》をまつる「みのわ（耳納）堂」と呼ばれる仏堂《ぶつどう》があった。『古事談《こじだん》』によると、源頼義が奥羽《おうう》における合戦で死んだ者たちから切りとった耳を堂の下におさめたところから、この名がついたのだという。一方、鴨長明《かものちょうめい》の著わした『発心《ほっしん》集《しゅう》』▲によると、この「みのわ堂」は「伊予入道《いよのにゅうどう》」すなわち源頼義の「家向かひ、さめうじ《（し）》（左女牛）西洞院」にあり、郎等の首藤資通《すどうすけみち》もこの近くに居住していたという。

所伝が混乱していて、源氏左女牛亭の確実な位置はつかみづらいが、源氏が白河院の御所の周辺に邸宅を有し、その周囲に家人《けにん》・郎等たちが居住する宿営地のような状況が生まれていたことが想定できるのである。

また、源氏がこの辺りに本邸をおいた理由としてはもう一つ、至近の位置に七条町《しちじょうまち》が成立したことをあげることができる。

武器・武具の供給地としての七条町

「七条町」は『拾遺抄註《しゅういしょうちゅう》』▲に「市門《いちのもん》ハ、七条猪隈《いのくま》ナリ、七条町トイヘル、僻事《ひがごと》

▼**『発心集』**　鎌倉時代の前期に成立した仏教説話集。原形は三巻本。のちに増補されて八巻となった。増補の一部以外は鴨長明の編になる。

▼**『拾遺抄註』**　『拾遺抄』の注釈書。一巻。顕昭《けんしょう》が一一八三（寿永《じゅえい》二）年守覚法親王《しゅかくほうしんのう》の命によって注進し、九〇（建久《けんきゅう》元）年、再度献上したもの。多くの文献を用いて実証的に書かれている。

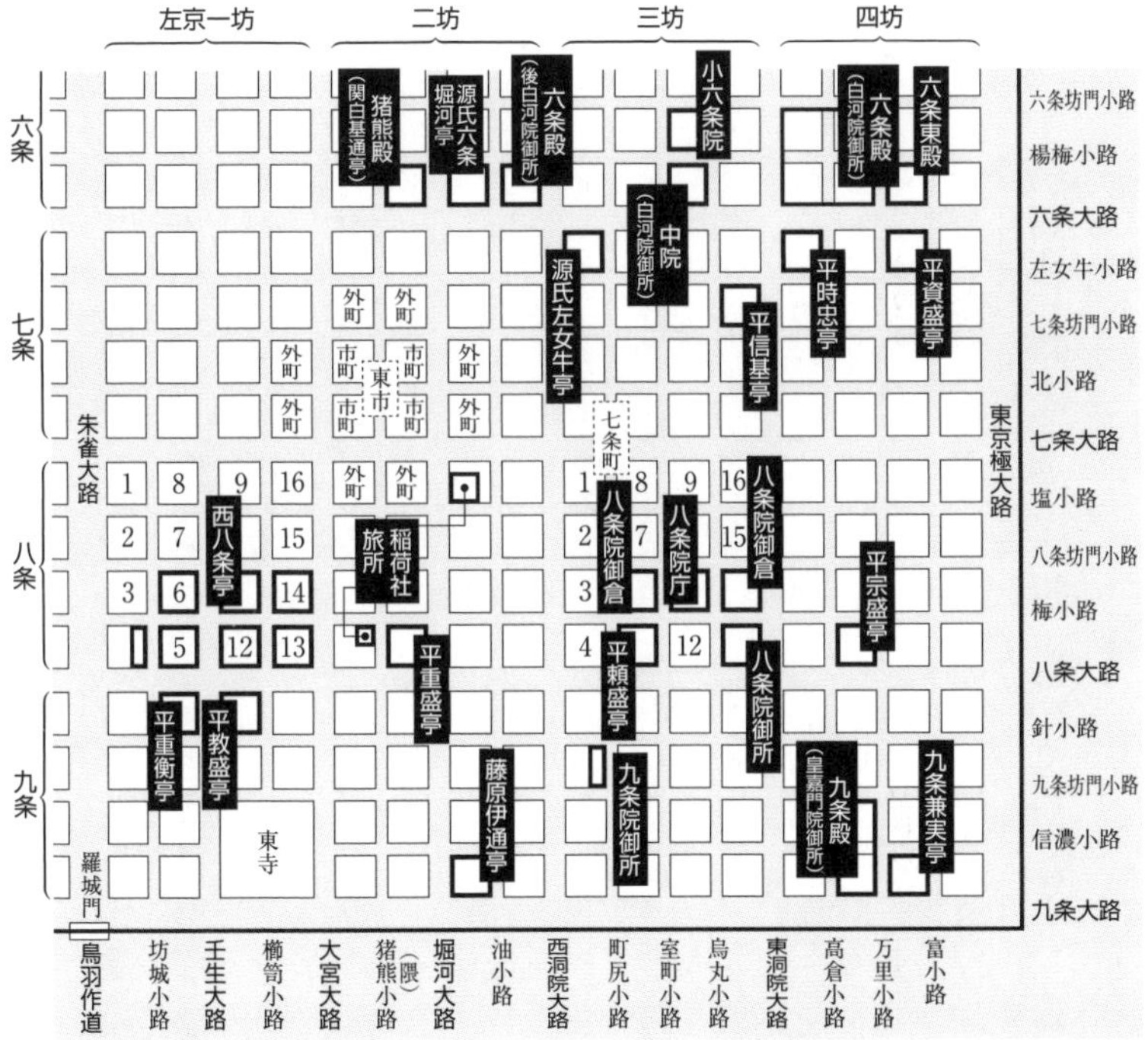

院・平家政権期の七条町周辺　アラビア数字は坊内の町《ちょう》をあらわす。亭などの所在地は史料によって異同がある。ちなみに，現在の京都駅は八条三坊に位置する。

也、市屋《いちのや》アリ、市マツリアル所ナリ」とみえるが、本来は平安京《へいあんきょう》における地点をさす言葉で、左京八条三坊における町尻《まちじり》小路と七条大路の交差点をさす。この辺りは平安時代の後期から町屋《まちや》商工業区として発展したところで、七条大路と八条大路のあいだの東西の空間が八条と呼ばれるので、七条町といっても八条(左京八条)に属することになる。現在のJR京都駅北側の一帯がその中心である。

平安京造営に際して、この北西にあたるところには官設市場である東市《ひがしのいち》が設置されていた。『延喜式《えんぎしき》』▲巻四十二によると、東市の専売品には太刀《たち》・弓・箭《や》・鐙《あぶみ》などの武具《ぶぐ》・馬具《ばぐ》や金属加工品があったが、平安中期以降、東市周辺にはこれら金属製品の生産者が集住するようになり、彼らが私的に品物を売る屋《おく》舎《しゃ》を営んだことが七条町成立の背景として想定されている。

七条町が急速に活況を呈するようになるのは十一世紀後半ごろからのことだが、その背景となったのが、白河院の院御所が北隣の六条におかれたことであろう。その周辺には上記のように、院の近臣のみならず河内源氏など、武士の邸宅も構えられるようになるのだが、武士にとっては院御所の警固という職務

▼**『延喜式』**　三代格式《きゃくしき》の一つ。五〇巻。醍醐《だいご》天皇の命《めい》によって、九〇五(延喜五)年に編纂が開始され、九二七(延長《えんちょう》五)年に奏進された。その後も修訂が続き、九六七(康保《こうほう》四)年にいたって施行された。

▼『新猿楽記』　往来物《おうらいもの》の祖とされる学習書。十一世紀半ばごろに成立。著者は藤原明衡《あきひら》。平安時代の中・下層社会の生活を知るうえで貴重な文献。

上の要請とともに、ここには武器・武具の供給の利便があったのである。

ちょうど、源義家の活躍した十一世紀後半に成立した『新猿楽記《しんさるがくき》』▲には、七条町に居住する、このような人物が登場する。

> 則ち右馬寮《うまりょう》の史生《ししょう》、七条以南の保長《ほうのおさ》なり。姓は金集《かなつめ》、名は百成《ももなり》、鍛冶《かじ》・鋳《い》物師《もじ》、并《ならび》に銀金《しろがね》の細工《さいく》なり。一佩《ひとふり》・小刀《こがたな》・太刀・伏突《よこはき》・鉾《ほこ》・剣《つるぎ》・髪剃《かみそり》・矢尻《やじり》、鍔《やきは》は寒《かん》の氷のごとし。……或《あるい》は鐙・銜《くつわ》・鎰《かぎ》・鋸《のこぎり》……金物等已上《いじょう》造物、或は鍋《なべ》・鑵《かなえ》・釜《かま》……香炉《こうろ》・独鈷《とっこ》・三鈷《さんこ》・五鈷《ごこ》・鈴《れい》・大鐘《おおがね》・金鼓《こんく》等已上鋳物の上手なり。

金集百成は、もちろん架空の人物であるが、当時の七条町が、このような下級官人《かんじん》・地域行政の担い手をかねた金属加工業者が活躍する空間であったことをものがたるものである。

ちなみに、『中右記』寛治六(一〇九二)年九月十三日条には、遠く契丹《きったん》国に赴いて兵器を売却して、多くの宝貨《ほうか》を随身して帰朝した商人僧明範《みょうはん》が左衛門府《さえもんふ》において検非違使《けびいし》から勘問《かんもん》を受けたという記事がみえる。京都の武器商人が、海外への武器の輸出にも手をそめていたのである。寛治六年といえば『新猿楽記』が書かれてから二〇〜三〇年後にあたり、いよいよ七条町が金属加工品の生産地として発展をとげていた時代である。契丹に輸出された兵器もここで生産された可能性が高い。頼義や義家もここで生産された武器を手にして奥羽で戦い、そこで彼らがえた品々はこの七条町の商人を介して東アジア規模の流通ルートに乗せられたのであろう。

⑧ 義家の評価

子息たちの濫行のなかで死を迎える

還暦から三年をすぎた一一〇一(康和《こうわ》三)年七月のこと、義家にとって青天《せいてん》の霹靂《へきれき》ともいうべき事態が訪れる。嫡男《ちゃくなん》の対馬守義親《つしまのかみよしちか》▲が九州の各地で人民を殺害して官物《かんもつ》を押しとったうえ、大宰府《だざいふ》の命令に背いたとして解官され、追討の宣《せん》旨《じ》がくだされる羽目《はめ》に陥ったのである。この事件を朝廷《ちょうてい》に告発したのは当時大《だ》宰大弐《ざいのだいに》であった大江匡房《おおえのまさふさ》▲である。朝廷は一応追討の官使《かんし》の派遣を決めるが、父義家に命じて義親を京都に連れ戻そうとした。しかし、義親は父の命《めい》に従わなかったばかりか、義家のつかわした郎等《ろうとう》と一緒になって官使を殺害してしまったのである。

義家が義親のもとにつかわしたのは腹心の郎等首藤《すどう》(藤原《ふじわらの》)資通《すけみち》である。資通は『奥州後三年記《おうしゅうごさんねんき》』に「藤原の資道は将軍《しょうぐん》(義家)のことに身親しき郎等なり。年わづか十三にして将ぐん(軍)の陣中にあり。よるひる(夜昼)身をはなる(離)ゝ事なし」とあるように、義家の信任厚い存在であったが、彼自身が従五位下《じゅごいのげ》豊後《ぶんご》権守《ごんのかみ》の官位

▼**源義親**　?～一一〇八年。義家の子。母は三河《みかわ》守源隆長《たかなが》の娘。対馬守在任中、鎮西《ちんぜい》で濫行《らんぎょう》を働き隠岐に流されたが、ふたたび出雲で反乱を起こし、平正盛に追討された。しかし、その後も義親と称する者が出没している。

▼**大江匡房**　一〇四一～一一一一年。平安後期の学者。成衡《なりひら》の子。母は橘孝親《たちばなのたかちか》の娘。後三条《ごさんじょう》・白河・堀河《ほりかわ》天皇の侍読《じどく》をつとめ、正《しょう》二位権中納言《にいごんのちゅうなごん》にいたった。儒家《じゅか》であるとともに白河院の近臣としても知られる。

を有する軍事貴族《きぞく》であったから(『魚魯愚抄《ぎょろぐしょう》』▲)、みずからの利害と判断を優先して、この挙にでたものと思われる。

朝廷では義親を隠岐国《おきのくに》への流罪《るざい》、資通は獄に投じるという処分をくだした。義親がようやく隠岐に配流《はいる》されたのは、翌一一〇二(康和四)年の末のことであった。

それから四年後、今度は義親の弟にあたる義国《よしくに》▲が常陸国《ひたち》で騒擾《そうじょう》を起こした。彼は摂関家《せっかんけ》藤原師通《もろみち》の家司《けいし》であった藤原有綱《ありつな》の娘を母とし、新田氏《にった》・足利氏《あしかが》の祖となる人物である。一一〇六(嘉承《かじょう》元)年六月、朝廷は、この義国とその叔父にあたる源義光《よしみつ》および常陸平氏《へいし》の平重幹《たいらのしげもと》らが常陸国で合戦《かっせん》を行ったとして、義国と義光を都《みやこ》に召進《しょうしん》することを決している(『永昌記《えいしょうき》』▲同月十日条)。注目されるのは、その際、義光の召還は東国《とうごく》の国司《こくし》を通じて行おうとしたのに対して、義国は義親のときと同様に、父義家に委ねていることである。義親を召還した際に、その使者となった藤原資通が官使を殺害するといういまわしい先例があるにもかかわらず、朝廷があえてこのような方策をとったのは、おそらく義光の側に大きな非が認められたからであろう。『続群書類従《ぞくぐんしょるいじゅう》』(巻第百二十)におさ

▼**『魚魯愚抄』**　除目《じもく》に関する記事を諸書から集めて注を加えた有職書《ゆうそくしょ》。南北朝《なんぼくちょう》期の成立で、編者は洞院《とういん》(藤原)公賢《きんかた》。正篇八巻、別録八巻。

▼**源義国**　一〇八九～一一五五年。義家の子。母は中宮亮《ちゅうぐうのすけ》藤原有綱の娘。下野国《しもつけ》足利荘や梁田御厨《やなだのみくりや》に地盤を築く一方、中央にも出仕して従五位下式部丞《じゅごいのげしきぶのじょう》となった。子息の義重《よししげ》・義康《よしやす》はそれぞれ新田氏・足利氏の祖。

▼**『永昌記』**　院政期に蔵人頭《くろうどのとう》などに任じられ、朝廷の儀式に通じた藤原為隆《ためたか》の日記。伝存本の記事は一一〇五(長治《ちょうじ》二)年から二九(大治《だいじ》四)年にわたるが、欠落が多い。後世、有職の書としても重んじられた。

▼**平正盛**　?〜一一二一年。伊勢平氏正衡《まさひら》の子。白河院近臣の藤原顕季《あきすえ》に仕え、その推挙によって院北面《ほくめん》に祗候《しこう》。源義親を追討したことで、武士の第一人者としての地位をえた。但馬《たじま》・備前《びぜん》などの受《ず》領《りょう》を歴任。

められた『佐竹系図《さたけけいず》』(『御当家系図』)によると、このとき義国は義光追討の院宣《いんぜん》をえて常陸にくだっていたのだという。

義国の召還を命じられたとき、義家はすでに出家《しゅっけ》をとげて病床にあった。おそらく、この事件がさらに彼の寿命を縮めることになったのであろう。彼の死は『中右記《ちゅうゆうき》』七月十六日条に、その月の一日ごろのこととして記されている。享年六八であった。

義家死後の河内源氏

義家が死んだ翌年、流人《るにん》として隠岐にあった義親が出雲《いずも》に渡り、国司の目代《もくだい》を殺して官物を奪いとるという事件が起きた。これには、白河院《しらかわいん》に近侍《きんじ》していた父義家の死によって恩赦《おんしゃ》の望みをたたれて暴発したという側面もあるが、近隣諸国に彼を支持する勢力があったことも重要である。この義親を追討して伊《い》勢《せ》平氏興隆の契機としたのが平正盛《まさもり》▲(清盛《きよもり》の祖父)である。

河内源氏《かわちげんじ》では、反乱を起こした義親が廃嫡《はいちゃく》されたあと、義家の後継者には義親の弟義忠《よしただ》が立てられたが、彼は一一〇九(天仁《てんにん》二)年何者かによって暗殺されてしまう。当初その嫌疑をかけられたのは、義家に従っていた満政《みつまさ》流源氏の重《しげ》実《ざね》であったが、一転してかつて義家と競合関係にあった義綱《よしつな》の子義明《よしあき》が犯人とされて合戦の末に殺された。義綱はこれに怒って東国に脱出をはかるが、義家の子(義忠の弟)の為義《ためよし》と頼光《よりみつ》流の出羽《でわ》守源光国《みつくに》が追捕《ついぶ》してその身柄を捕え(『殿《でん》暦《りゃく》』同年二月十七日条)、義綱は佐渡《さど》に配流され、のちに殺されることとなる。為義はこのとき弱冠《じゃっかん》一四歳であったが、その功績によって左衛門少尉《さえもんのしょうじょう》に任じられ、河内源氏の嫡流《ちゃくりゅう》を継承することとなる。

しかし、為義は京中での濫妨狼藉《らんぼうろうぜき》が多いために院《いん》権力から疎外されることとなり、摂関家に臣従《しんじゅう》することとなる。一方、為義の長男である義朝《よしとも》は坂東《ばんどう》にくだり、国衙《こくが》の在庁官人《ざいちょうかんじん》であるとともに摂関家領荘園《しょうえん》の在地領主であった両総地方の上総常澄《かずさつねずみ》▲や相模の三浦義明《みうらよしあき》▲の支援をえて勢力を拡大し、ついで妻の実家で上西門院《じょうさいもんいん》▲(統子《むねこ》・後白河《ごしらかわ》院の同母姉)に仕える熱田大宮司家《あつただいぐうじけ》藤原氏▲の支援をえて、後白河院に接近して下野《しもつけ》守に任じられ、摂関家に仕える父や弟たちと袂《たもと》を分かつこととなった。

保元《ほうげん》の乱《らん》▲で、父や弟を敵にまわし、坂東の家人《けにん》たちを率いて戦った義朝は、

▼上総常澄　生没年未詳。十二世紀半ばごろ、上総・下総《しもうさ》に勢力をふるった両総平氏の族長。上総国の最有力在庁。平常晴《つねはる》(時《とき》)の子。上総少年期に坂東に下向した源義朝を養君《ようくん》とした。

▼三浦義明　?〜一一八〇年。相模国の有力在庁。三浦氏の族長。保元の乱以前、坂東で活動した源義朝を支援して婿とした。一一八〇(治承四)年、頼朝の挙兵に応じ、衣笠《きぬがさ》城で討死をとげた。

▼上西門院　一一二六〜八九年。名は統子。鳥羽《とば》天皇の皇女。母は待賢門院《たいけんもんいん》(藤原璋子《たまこ》)。一一二六(大治元)年内親王《ないしんのう》、五八(保元三)年後白河天皇の准母《じゅんぼ》となり、五九(平治元)年院号《いんごう》を宣下《せんげ》された。

▼熱田大宮司家藤原氏　尾張《おわり》目代の藤原季兼《すえかね》と熱田大宮司尾張員《かず》職《もと》の娘とのあいだに生まれた季範《すえのり》が、外祖父《がいそふ》から大宮司職を譲られ、以後世襲された。季範の一族は在

京し、女性も含めて後白河院や上西門院の近臣として活躍した。

▼**保元の乱**　一一五六(保元元)年鳥羽院の死を契機に、王家《おうけ》(天皇家)と摂関家の内部対立が武力闘争に発展した事件。乱後、摂関家の勢力が失われ、源義朝が河内源氏嫡流の地位を確立した。

源義親を追討する平正盛軍(『大山寺縁起絵巻《だいせんじえんぎ》』部分)

▼**藤原信頼**　一一三三〜五九年。大蔵卿《おおくらきょう》藤原忠隆《ただたか》の子。母は民部《みんぶ》卿《きょう》藤原顕頼《あきより》の娘。蔵人頭、参議《さんぎ》をへて権中納言に任じられた。源義朝を従えて平治の乱を起こしたが、敗れて斬首《ざんしゅ》された。

▼**平治の乱**　一一五九（平治元）年、院の近臣信西《しんぜい》を討つことを目的に、藤原信頼が首謀者となって起こしたクーデター。信頼はいったん廟堂《びょうどう》を制圧したが、貴族たちの支持を失い、院・天皇を擁した平清盛に敗れた。

▼**平清盛**　一一一八〜八一年。平忠盛の子。母は白河院に仕えた女房。一一二九（大治四）年、従五《じゅご》位下《いのげ》左《さ》兵衛佐《ひょうえのすけ》に叙任され、保元・平治の乱をへて六七（仁安《にんあん》二）年には従一位《じゅいちい》太政《だいじょう》大臣にいたった。

▼**以仁王の令旨**　一一八〇（治承四）年、後白河院の皇子高倉宮《たかくらのみや》以仁王が源氏一族をはじめとする

勝利の結果、内昇殿《うちのしょうでん》という栄誉とともに武門《ぶもん》源氏の族長としての地位を確立することになった。その後、義朝は院の近臣《きんしん》で、駿馬《しゅんめ》や武器・武具《ぶぐ》の原材料供給地である陸奥《むつ》・武蔵《むさし》を知行国《ちぎょうこく》とする藤原信頼《のぶより》▲と提携することで武門としての発展につとめた。しかし、この信頼に従って平治《へいじ》の乱▲を惹起してしまった結果、自身は東国に逃亡する途中、尾張《おわり》国で家人のために討ちとられ、頼朝《よりとも》をはじめとする生き残った子息たちも、乱の勝利者である平清盛▲の差配によって流罪や僧籍《そうせき》にはいることを余儀なくされることとなる。

伊豆《いず》で二〇年の流人生活をすごした頼朝が、一一八〇（治承《じしょう》四）年八月、以《もち》仁王《ひとおう》の令旨《りょうじ》▲に応じて平家《へいけ》打倒の兵をあげ、わずかのあいだに南坂東を席巻《せっけん》して、かつて父が坂東経営の拠点とした鎌倉《かまくら》に地方政権を樹立するにいたったことは周知のとおりである。頼朝が挙兵に成功した背景としては、平治の乱以前、彼が上西門院や二《に》条《じょう》▲天皇の蔵人《くろうど》をつとめたという経歴をもち、平治の乱後に右《う》兵衛権佐《ひょうえごんのすけ》という高官をえていたこととともに、義朝が保元の乱後に実現した「坂東の平和」を再構築することへの在地武士たちの期待があった。このため、頼朝は即座に上洛《じょうらく》を企図せず、まず坂東の安定に尽力したのである。

一方、為義の嫡子《ちゃくし》であった義賢《よしかた》▲を父とする源義仲《よしなか》▲は、一一五五（久寿《きゅうじゅ》二）年八月、義賢が武蔵国大蔵《おおくら》合戦で義朝の長男義平《よしひら》に殺されたあと、信濃《しなの》国木曽《きそ》で乳母《めのと》夫の中原兼遠《なかはらのかねとお》▲に養育されていたが、頼朝と同じころ、反平家の兵をあげ、一一八三（寿永《じゅえい》二）年七月には、平家を都から逐《お》って、叔父の行家《ゆきいえ》らとともに入京を果たすこととなる。その後、この義仲と西海《さいかい》に逃れた平家一門を、頼朝の弟である範頼《のりより》・義経《よしつね》が追討したことは、中世以来『平家物語』によって広く巷間《こうかん》に流布したところである。かくして、武家《ぶけ》政権草創期の歴史は、義家の子孫たちの華々しい活躍によって彩られることとなるのである。

和歌をよまなかった義家

一九一二〜四一（大正元〜昭和十六）年まで、小学四年生の唱歌《しょうか》のテキストに収録された文部省唱歌「八幡太郎《はちまんたろう》」（金田一春彦・安西愛子編『日本の唱歌［中］大正・昭和篇』収録）は、『千載集《せんざいしゅう》』▲にとられた義家の「吹く風をな来《こ》《（勿来）》その関《せき》と思へども、道も狭《せ》にち《（散）》る山桜《やまざくら》かな」という歌と、前九年《ぜんくねん》合戦の際、義家が敵将安倍貞任《あべのさだとう》を追いつめながら「衣《ころも》のたて《（館）》はほころびにけり」という歌を呼びかけたのに応えて、

諸国の反平家勢力に武力蜂起を呼びかけた命令書。源頼朝はこれに応じる形で挙兵に踏み切った。

▼**二条天皇**　一一四三〜六五年。後白河天皇の皇子。母は大納言《だいなごん》藤原経実《つねざね》の娘懿子《よしこ》。鳥羽天皇の皇后美福門院《びふくもんいん》得子《なりこ》に養育された。一一五八（保元三）年即位。平治の乱後、親政《しんせい》をはかったが早世した。

▼**源義賢**　一一二六〜五五年。源為義の子。母は六条大夫重俊《ろくじょうのたいふしげとし》の娘。為義の嫡子として、摂関家の頼長《よりなが》に仕え、帯刀先生《たちはきせんじょう》に補されたが、殺害事件に関係したことで解任。坂東にくだったが、武蔵国大蔵館で甥の義平に討たれた。

▼**源義仲**　一一五四〜八四年。源義賢の子。乳母夫の中原兼遠のもと信濃国木曽で育つ。一一八〇（治承四）年、反平家の兵をあげ、一一八三（寿永二）年に上洛《じょうらく》を果たすが、院の支持を失い、翌年源義経の軍に討たれた。

▼**中原兼遠**　生没年未詳。中三《ちゅうぞう》権頭《ごんのかみ》と称す。源義仲の乳母父。義仲を木曽で養育した。荘園《しょうえん》の沙《さ》汰人《たにん》などとして木曽に留住《りゅうじゅう》し、武士化した京都の下級官人と思われる。

▼**『千載集』**　『千載和歌集』。藤原俊成の撰による勅撰和歌集。一一八三(寿永二)年、後白河院より撰歌の院宣《いんぜん》がくだされ、八八(文《ぶん》治《じ》四)年に進覧された。

貞任がすぐ「年をへ(経)し糸の乱れの苦しさに」と続けたので、その優雅さに感じて貞任を逃がしてやった話(鎌倉時代に成立した説話集『古今著聞集《ここんちょもんじゅう》』にみえる)をベースに、義家の「やさしさ」を賛美したものである。

一方、戦前の国史教科書には、この和歌《わか》に感じて安倍貞任の逃走を許した「武士のなさけ」のほかに、大江匡房から兵法《へいほう》を学んでいたために、雁《かり》が列を乱していることから敵の伏兵《ふくへい》を知ったという『奥州後三年記』の伝えるエピソードが紹介されている。かくして義家は、文武《ぶんぶ》兼備の名将として近代の国民一般に広く親しまれるにいたったのである。

ここではぐくまれた源義家のイメージは、たくみに歌もよむことのできる、風流《ふうりゅう》を解した心優しい武将というものであろう。

ところが、これらはすべて後世の作り話であるようだ。

右に述べたように、勅撰《ちょくせん》和歌集の一つとして知られる『千載集』には義家の詠《えい》歌《か》がおさめられている。

陸奥国にまかりける時、勿来の関にて花のちりければ詠める

源義家朝臣《あそん》

吹く風をなこその関とおもへども道もせにちる山ざくらかな（『千載集』春下・一〇三）

この詠《えい》は、義家が後三年合戦で奥州に赴いたときの作とされるが、しかし、実は、この歌は辺境に向かう心細さを詠《うた》った作者不明の伝承歌にすぎないものだったのだという。『千載集』は源頼朝が朝廷の命令を無視する形で平泉《ひらいずみ》藤原氏を攻め滅ぼす前年に藤原俊成《としなり》《しゅんぜい》を撰者《せんじゃ》として完成されたものである。国文学者の松野陽一氏は、そのような軍事的緊張の高まりのなか、「義家の歌を取り込むかたちで俊成は、頼朝が勝ったときへの配慮を行っていたのではないか」と推測している。

同様に、後世に成立した説話集に描かれた義家の姿も、その時代の政治や思潮によって相当デフォルメされたものとみなければならないようである。

説話集のなかの義家

義家に関する逸話を載せる説話集とは、いずれも鎌倉時代に成立した『古今著聞集』と『古事談《こじだん》』である。

『古今著聞集』において、直接義家の人物についてふれているのは、巻第九「武勇第十二」の四つの説話である。「源義家衣川にて安倍貞任と連歌《れんが》の事」（説話番号三三六）、「源義家大江匡房に兵法を学ぶ事」（同三三七）、「源義家安倍宗任《むねとう》をして近侍せしむる事」（同三三八）、「源義家或る法師《ほうし》の妻と密会の事」（同三三九）がそれである。義家の優しさ、剛胆さや、その武名の高さをものがたる内容であるが、前九年合戦のあと、流罪になっているはずの安倍宗任が義家に仕えているなど、話の設定自体に疑問が多く、荒唐無稽《こうとうむけい》といわざるをえない。しかし、このような義家像がすでに鎌倉時代、巷間《こうかん》に流布していたことは事実として認めなければならない。なお、巻第七「術道」の「陰陽師《おんみょうじ》晴明《はるあきら》《せいめい》、早瓜《わせのうり》に毒気あるを占ふ事」（同二九五）にも義家が登場して、瓜中の小蛇の頸《くび》を切り落とすという「ゆゆしかりける」振舞いを示しているが、設定の時代が符合せず、すでに鎌倉時代の人たちが、超人的な活躍をする武士像を義家に短絡させてしまう思考のもとにあったことをうかがわせてくれる。

一方、『古事談』では、「義家、郎等《ろうとう》ノ訴ヘニヨリ美濃《みの》ニ赴キ国房《くにふさ》ヲ懲《こら》シムル事」（巻四ノ十七）、「犯人、義家ノ名ヲ聞キテ降参シケル事」（同十八）、「義家ノ弓、白河院ヲ物ノ怪《もののけ》ヨリ守護シケル事」(同十九)、「義家、山鳩ノ怪ヲ恐レ、八幡ニ剣・馬ヲ奉納シケル事」(同二十)、「義家、人ノ夢ニ地獄ニ堕ツルト見エケル事」(同二十一)、「白河院、語リ出シニ感ジテ後藤内《ごとうない》ノ戦《いく》サ語リヲ制止セシムル事」(同二十二)の六話が義家に関係する説話である。このうち、十七・十九については、前にふれたとおりで、こちらは史実を前提にした話もみられるようだが、義家観の基本に変化はない。ただ、注目されるのは、義家の登場する直前の説話(同十六)で、頼義の極楽往生《ごくらくおうじょう》が語られているのに対して、義家が地獄に堕ちたとされていることである。義家は、文武の素養をかねた超人的な能力をもつ武士として崇《あが》められる一方で、この時代の人びとには、怖れをいだかせるような存在として認識されていたようである。

武家の神となる

義家が、後世になって、あたかも武門源氏の始祖のごとく賛美・礼賛されるにいたったのはなぜか。

義家が誕生した時点で、父方からは最強の軍事的実力を、母方からは伝統的な軍事的地位を継承すべき立場を獲得し、名実ともに「天下第一の武勇の士」（『中右記《ちゅうゆうき》』承徳《じょうとく》二〈一〇九八〉年十月二十三日条）あるいは「武士の長者」（同、天仁《てんにん》元〈一一〇八〉年正月二十九日条）としての人生をあゆみはじめたことは前述のとおりである。

しかし、源頼朝が一一八九（文治《ぶんじ》五）年の奥州合戦に際し、進軍の日程までも調整することによって前九年合戦を再現し、それによって自分と頼義《よりよし》とをオーバーラップさせて、東国の武士が頼義以来の源氏の家人であったことを認識させようとしたことに示されるように、鎌倉幕府《ばくふ》成立のころ、源氏の武芸故実《ぶげいこじつ》の祖は頼義と意識されていた。これが義家に移行したのはなぜか。その理由としては次の二点を指摘することができる。

まず、鎌倉幕府の執権《しっけん》を世襲した北条《ほうじょう》氏が、義家の外祖父である平直方《たいらのなおかた》の子孫と称していたことである。頼朝を婿《むこ》とした北条時政《ときまさ》▲は、自分を直方に、娘の政子を義家の母になぞらえたのであろう。このことは、二人のあいだに生まれた嫡男に「頼家《よりいえ》」という名がつけられたことから明白である。頼家は失脚のうえ弑殺《しいさつ》される運命をたどるが、鎌倉幕府の主権者となった北条氏のアイデンテ

▼**北条時政**　一一三八〜一二一五年。伊豆国の在庁官人時兼《ときかね》の子（時方《ときかた》あるいは時家《ときいえ》の子とする系図もある）。源頼朝を婿としたことから、その挙兵に加担し、京都守護《しゅご》をつとめるなど鎌倉幕府の創設に尽力。初代の執権となった。

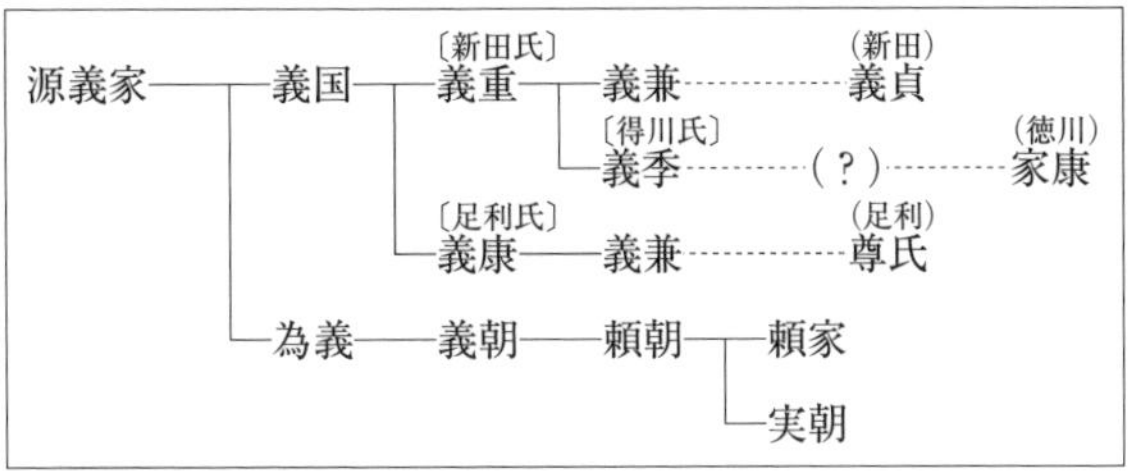

義家の子孫たち

イティの一つが、先祖の直方が義家の外祖父たることに求められたことは重要であろう。

つぎに、これこそ決定的な要件になるのだが、室町《むろまち》幕府を開いた足利氏が義家流であったことである。七代目の子孫に生まれ変わって天下をとることを記した義家の置文《おきぶみ》(遺言書)や、義家が朝敵《ちょうてき》追討のときに着用した鎧《よろい》が足利氏宗家《そうけ》に相伝《そうでん》されたことなどを捏造《ねつぞう》することによって、足利氏はみずからが源氏嫡流であることを主張した。これによって、頼義の直系であるはずの頼朝(鎌倉将軍家)の系統の権威が相対化され、その一方で、義光の子孫である佐竹《さたけ》氏や甲《か》斐《い》源氏(武田《たけだ》氏など)とは一線を画する正統性を主張できるようになったのである。したがって、江戸《えど》将軍家である徳川《とくがわ》氏もその出自《しゅつじ》を義家流の新田氏一族の得川《とくがわ》氏に求めたわけである。また義家が、京都ではなく東国の相模《さがみ》国柳下《やぎした》(現、神奈川県小田原《おだわら》市)で生まれたという伝承が鎌倉後期以降の東国武士たちのあいだに広まっていたことも、武家社会における義家の正統化、親近感の醸成《じょうせい》に一役買ったようである。

かくして室町幕府や江戸幕府に仕えた多くの武士たちが、先祖と義家とのつ

国史教科書に載った「源義家」（文部省『尋常小学国史』上巻）　全体が32章で構成されているうちの１章を「源義家」にあて，11ページにわたって義家の活躍を述べる。

ながりをみずからのよりどころとするようになったことはいうをまたない。そうした思潮を前提にして、各地で義家説話の創作も行われた。八幡太郎義家の武門源氏における祖神《そしん》的な地位は、ますます高められていったのである。

近代国家もまた、義家の神格化に一役買っている。歴史教育の場で、帝国《ていこく》主義の膨張政策と平安期の征夷《せいい》戦争をオーバーラップさせる方法がとられたからである。国史教科書によって義家が文武兼備の名将として、国民一般に広く親しまれるにいたった理由はその辺りに存したのである。

義家の二つの顔

これまでみてきたように、院政《いんせい》期の公卿《くぎょう》藤原宗忠《むねただ》は、義家の人生の局面ごとに、的確な評価をその日記である『中右記』に記している。

まず、一〇九八（承徳二）年十月、義家が院の昇殿《しょうでん》を許されたときには「天下第一の武勇の士」（同月二十三日条）、一一〇六（嘉承元）年七月には義家の死を悼んで「武威は天下に満ち、誠にこれ大将軍に足る者なり」との賛辞を呈し、彼の死去が武《ぶ》の道の衰退を招くとまで記した（同月十六日条）。しかし、その二年後

藤原宗忠（『天子摂関御影』部分）

の一一〇八（天仁元）年正月、出雲国で反乱を起こして伊勢平氏の平正盛に討伐された義親の首が入京したとき、宗忠は次のように義家を酷評している。「義家朝臣、年来武士の長者として多く罪なき人を殺すと、云々《うんぬん》。積悪《せきあく》の余《あまり》、ついに子孫に及ぶか」（同月二十九日条）。罪のない人びとに対する殺戮《さつりく》を繰り返した積悪の報いで、子の義親が謀反人《むほんにん》として追討される羽目になったのだと、まさに筆誅《ひっちゅう》を加えているのである。平安末期に広く貴族や庶民のあいだで謡《うた》われた「鷲《わし》の棲《す》む深山《みやま》には、なべての鳥は棲むものか、同じき源氏と申せども、八幡太郎はおそろしや」（『梁塵秘抄《りょうじんひしょう》』）という今様は、このような義家のイメージが強く人びとの心に焼きついていたことを反映したものといえるであろう。

都《みやこ》の武者《むしゃ》（「京武者」）たちの盟主として王権と首都を守護し、辺境の治安維持に活躍した「栄光の大将軍」と、無用の合戦を繰り返して残忍な殺戮を事とする「武士の長者」。義家の歴史的な評価は、この二つの点に集約できるであろう。

野口実『武家の棟梁源氏はなぜ滅んだのか』新人物往来社, 1998年
野口実『源氏と坂東武士』(歴史文化ライブラリー)吉川弘文館, 2007年
野口実『武門源氏の血脈』中央公論新社, 2012年
樋口知志『前九年・後三年合戦と奥州藤原氏』高志書院, 2011年
松野陽一『千載集』(セミナー[原典を読む] 3)平凡社, 1994年
美川圭『白河法皇』(NHKブックス)日本放送出版協会, 2003年
元木泰雄『武士の成立』(日本歴史叢書)吉川弘文館, 1994年
元木泰雄『藤原忠実』(人物叢書)吉川弘文館, 2000年
元木泰雄編『院政の展開と内乱』(日本の時代史 7)吉川弘文館, 2002年
元木泰雄編『王朝の変容と武者』(古代の人物 6)清文堂出版, 2005年
元木泰雄『河内源氏』(中公新書)中央公論新社, 2011年
安田元久『源義家』(人物叢書)吉川弘文館, 1966年
安田元久『日本初期封建制の基礎研究』山川出版社, 1976年
山田邦和『京都都市史の研究』吉川弘文館, 2009年

写真所蔵・提供者一覧(敬称略, 五十音順)

宮内庁三の丸尚蔵館　p. 85
國王神社　p. 6
公益財団法人出光美術館　p. 8, 14上
公益財団法人陽明文庫　p. 27下
国立国会図書館　扉
国立歴史民俗博物館　p. 22
財団法人藤田美術館　p. 27上
滋賀県立琵琶湖文化館　p. 63上
田中家・中央公論新社　p. 14下
鶴岡八幡宮　p. 30
東京国立博物館・Image:TNM Image Archives　カバー表・裏, p. 2, 43, 55, 59
東京大学史料編纂所　p. 75
広島大学図書館　p. 84

参考文献

青森県史編さん古代部会編『青森県史　資料編 古代１　文献資料』青森県, 2001年
小豆畑毅「奥州藤原氏と石川氏—柳之御所跡出土折敷墨書をめぐって—」『石川史談』第12号, 1999年
安部元雄『旅に出た八幡太郎』崙書房, 1978年
家永三郎ほか編『古代政治社会思想』(日本思想大系８)岩波書店, 1979年
市沢哲『日本中世公家政治史の研究』校倉書房, 2011年
入間田宣夫『武者の世に』(日本の歴史７)集英社, 1991年
上横手雅敬『日本中世政治史研究』塙書房, 1970年
遠藤巖「延久元〜二年の蝦夷合戦について」『宮城歴史科学研究』第45号, 1998年
遠藤元男『源平史料総覧』雄山閣, 1966年
大石直正『奥州藤原氏の時代』吉川弘文館, 2001年
大森金五郎『武家時代之研究　第一巻』冨山房, 1923年
小川剛生『武士はなぜ歌を詠むか』(角川選書)角川書店, 2008年
川合康『鎌倉幕府成立史の研究』校倉書房, 2004年
川合康「鎌倉幕府の草創神話」『季刊 東北学』第27号, 2011年
軍記・語り物研究会運営委員会編『軍記と語り物』第47号(特集１　『後三年記』をめぐる諸問題), 2011年
古代学協会・古代学研究所編『平安京提要』角川書店, 1994年
斉藤利男『奥州藤原三代』(日本史リブレット人023)山川出版社, 2011年
櫻井秀『平安朝史　下一』(綜合日本史大系　第四巻　下一)内外書籍, 1926年
佐々木紀一「源義忠の暗殺と源義光」『山形県立米沢女子短期大学紀要』第45号, 2009年
志立正知『〈歴史〉を創った秋田藩』笠間書院, 2009年
下向井龍彦『武士の成長と院政』(日本の歴史07)講談社, 2001年
庄司浩『辺境の争乱』(歴史新書)教育社, 1977年
須藤聡「北関東の武士団」『古代文化』第54巻第６号, 2002年
関幸彦『武士の誕生』(NHKブックス)日本放送出版協会, 1999年
髙橋修編『実像の中世武士団』高志書院, 2010年
髙橋昌明『清盛以前』(平凡社選書)平凡社, 1984年
髙橋昌明『武士の成立　武士像の創出』東京大学出版会, 1999年
竹内理三『武士の登場』(日本の歴史６)中央公論社, 1965年
角田文衞『王朝の明暗』東京堂出版, 1977年
角田文衞監修, 古代学協会・古代学研究所編『平安時代史事典』角川書店, 1994年
東北大学東北文化研究会編『奥州藤原史料』(東北史史料集２)吉川弘文館, 1959年
戸田芳実『中右記　躍動する院政時代の群像』そしえて, 1979年
貫達人「武士の登場と源平二氏の動き」弥永貞三編『貴族と武士』(図説 日本の歴史５)集英社, 1974年
野口孝子「『殿』と呼ぶ心性—平安貴族社会の邸宅表記—」『日本歴史』第762号, 2011年
野口実『坂東武士団の成立と発展』弘生書林, 1982年
野口実『武家の棟梁の条件』(中公新書)中央公論社, 1994年
野口実『中世東国武士団の研究』髙科書店, 1994年

			だされる
1102	4	64	***6-30*** 義家の郎等藤原資通，義親召還の官使を殺したため獄所に拘禁される。***12-28*** 義親，隠岐に配流される
1104	長治元	66	***7-16*** 陸奥の藤原清衡，右大臣藤原忠実に貢馬。***10-30*** 弟義綱とともに在京の延暦寺悪僧らを追捕する
1106	嘉承元	68	***6-10*** 常陸国の騒擾により，子息義国を召進する。***7-*** 源義家没(前陸奥守正四位下)
1107	2		***12-19*** 出雲国の目代を殺害した源義親を追討するために因幡守平正盛が京都を出発する
1108	天仁元		***1-29*** 平正盛，源義親の首を携えて入京する
1109	2		***2-3*** 検非違使左衛門尉源義忠，郎従に殺害される。***2-23*** 源為義，源義綱を追捕する。***2-29*** 源義綱，佐渡に配流される

源義家とその時代

西暦	年号	齢	おもな事項
1039	長暦3	1	義家誕生。父は源頼義，母は平直方の娘
1057	天喜5	19	*11-* 黄海の合戦で活躍する(前九年合戦)
1062	康平5	24	*8〜9-* 安倍貞任・宗任らと戦う
1063	6	25	*2-27* 安倍貞任追討の功により出羽守に任じられる
1064	7	26	この年，越中守補任を請う
1070	延久2	32	この年，下野守として陸奥の賊藤原基通を捕える
1075	承保2	37	*7-13* 父頼義没(前伊予守従四位下，享年88)。この前後に下野守を辞して帰洛し，河内源氏を継ぐ
1077	承暦元	39	*11-26* 下野守源義綱，権大納言源師房に貢馬
1079	3	41	*6-23* 美濃で右兵衛尉源重宗と散位源国房が私闘。*8-17* 右兵衛尉源重宗を追討する
1081	永保元	43	*2-* 相模国鎌倉郡由井郷の八幡宮を修理する。*10-14* 白河天皇の石清水八幡宮行幸に際し，弟義綱とともに兵を率いて供奉。*10-19* 賀茂社行幸に供奉。*12-4* 春日社行幸に供奉
1083	3	45	*9-* 陸奥守として赴任し，清原真衡を援けて同家衡らを攻める(後三年合戦)
1086	応徳3	48	*9-28* 朝廷，奥州兵乱に源義綱を発遣することについて議す。*10-7* 朝廷，義家の申文について議す。*11-2* 関白藤原師実，源義綱を召して奥州の合戦について問う
1087	寛治元	49	*9-23* 左兵衛尉源義光，奥州に下向し官を解かれる。*12-26* 出羽金沢柵に清原家衡・武衡を討ち，国解をもって官符発給を上申する
1088	2	50	*1-25* 義家の後任の陸奥守に藤原基家が補任される
1089	3	51	*10-10* 朝廷，義家のことを議す
1091	5	53	*6-12* これ以前，弟義綱と兵を構えようとする。この日，宣旨により，受領の随兵として諸国に下向している義家の郎従である軍事貴族が入京することを禁止する。*11-15* 陸奥の藤原清衡，関白藤原師実に貢馬
1092	6	54	*5-5* 朝廷，義家の荘園構立を停止させる
1093	7	55	*10-18* 源義綱，陸奥守となる
1094	嘉保元	56	*3-8* 陸奥守源義綱，出羽の賊平師妙らをたいらげて入京する
1095	2	57	*1-28* 源義綱，美濃守に任じられる。*10-24* 延暦寺僧徒，神輿を奉じて入京し，美濃守源義綱を訴える
1096	永長元	58	*12-15* 義家，合戦のあいだの陸奥の砂金の未進を督促される
1097	承徳元	59	*1-27* 前陸奥守源義家の功過定が行われる
1098	2	60	*10-23* 院の昇殿を許される
1101	康和3	63	*7-7* 子息対馬守義親の鎮西での反乱に対して追討宣旨がく

野口 実(のぐち　みのる)
1951年生まれ
青山学院大学大学院文学研究科史学専攻博士課程修了
文学博士
専攻，日本中世史
現在，京都女子大学名誉教授
主要著書
『坂東武士団の成立と発展』(弘生書林1982)
『武家の棟梁の条件』(中央公論社1994)
『伝説の将軍　藤原秀郷』(吉川弘文館2001)
『源氏と坂東武士』(吉川弘文館2007)
『列島を翔ける平安武士』(吉川弘文館2017)

日本史リブレット人 022
源 義家《みなもとのよしいえ》
天下第一の武勇の士
2012年9月20日　1版1刷　発行
2021年9月5日　1版3刷　発行
著者：野口《のぐち》 実《みのる》
発行者：野澤武史
発行所：株式会社 山川出版社
〒101－0047　東京都千代田区内神田1－13－13
電話 03(3293)8131(営業)
03(3293)8135(編集)
https://www.yamakawa.co.jp/
振替 00120-9-43993
印刷所：明和印刷株式会社
製本所：株式会社 ブロケード
装幀：菊地信義

Printed in Japan ISBN 978-4-634-54822-0

日本史リブレット 人

1 卑弥呼と台与 —— 仁藤敦史
2 倭の五王 —— 森　公章
3 蘇我大臣家 —— 佐藤長門
4 聖徳太子 —— 大平　聡
5 天智天皇 —— 須原祥二
6 天武天皇と持統天皇 —— 義江明子
7 聖武天皇 —— 寺崎保広
8 行基 —— 鈴木景二
9 藤原不比等 —— 坂上康俊
10 大伴家持 —— 鐘江宏之
11 桓武天皇 —— 西本昌弘
12 空海 —— 曾根正人
13 円仁と円珍 —— 平野卓治
14 菅原道真 —— 大隅清陽
15 藤原良房 —— 今　正秀
16 宇多天皇と醍醐天皇 —— 川尻秋生
17 平将門と藤原純友 —— 下向井龍彦
18 源信と空也 —— 新川登亀男
19 藤原道長 —— 大津　透
20 清少納言と紫式部 —— 丸山裕美子
21 後三条天皇 —— 美川　圭
22 源義家 —— 野口　実
23 奥州藤原三代 —— 斉藤利男
24 後白河上皇 —— 遠藤基郎
25 平清盛 —— 上杉和彦
26 源頼朝 —— 高橋典幸
27 重源と栄西 —— 久野修義
28 法然 —— 平　雅行
29 北条時政と北条政子 —— 関　幸彦
30 藤原定家 —— 五味文彦
31 後鳥羽上皇 —— 杉橋隆夫
32 北条泰時 —— 三田武繁
33 日蓮と一遍 —— 佐々木馨
34 北条時宗と安達泰盛 —— 福島金治
35 北条高時と金沢貞顕 —— 永井　晋
36 足利尊氏と足利直義 —— 山家浩樹
37 後醍醐天皇 —— 本郷和人
38 北畠親房と今川了俊 —— 近藤成一
39 足利義満 —— 伊藤喜良
40 足利義政と日野富子 —— 田端泰子
41 蓮如 —— 神田千里
42 北条早雲 —— 池上裕子
43 武田信玄と毛利元就 —— 鴨川達夫
44 フランシスコ＝ザビエル —— 浅見雅一
45 織田信長 —— 藤田達生
46 徳川家康 —— 藤井讓治
47 後水尾院と東福門院 —— 山口和夫
48 徳川光圀 —— 鈴木暎一
49 徳川綱吉 —— 福田千鶴
50 渋川春海 —— 林　淳
51 徳川吉宗 —— 大石　学
52 田沼意次 —— 深谷克己
53 遠山景元 —— 藤田　覚
54 酒井抱一 —— 玉蟲敏子
55 葛飾北斎 —— 大久保純一
56 塙保己一 —— 高埜利彦
57 伊能忠敬 —— 星埜由尚
58 近藤重蔵と近藤富蔵 —— 谷本晃久
59 二宮尊徳 —— 舟橋明宏
60 平田篤胤と佐藤信淵 —— 小野　将
61 大原幽学と飯岡助五郎 —— 高橋　敏
62 ケンペルとシーボルト —— 松井洋子
63 小林一茶 —— 青木美智男
64 鶴屋南北 —— 諏訪春雄
65 中山みき —— 小澤　浩
66 勝小吉と勝海舟 —— 大口勇次郎
67 坂本龍馬 —— 井上　勲
68 土方歳三と榎本武揚 —— 宮地正人
69 徳川慶喜 —— 松尾正人
70 木戸孝允 —— 一坂太郎
71 西郷隆盛 —— 德永和喜
72 大久保利通 —— 佐々木克
73 明治天皇と昭憲皇太后 —— 佐々木隆
74 岩倉具視 —— 坂本一登
75 後藤象二郎 —— 村瀬信一
76 福澤諭吉と大隈重信 —— 池田勇太
77 伊藤博文と山県有朋 —— 西川　誠
78 井上馨 —— 神山恒雄
79 河野広中と田中正造 —— 田崎公司
80 尚泰 —— 川畑　恵
81 森有礼と内村鑑三 —— 狐塚裕子
82 重野安繹と久米邦武 —— 松沢裕作
83 徳富蘇峰 —— 中野目徹
84 岡倉天心と大川周明 —— 塩出浩之
85 渋沢栄一 —— 井上　潤
86 三野村利左衛門と益田孝 —— 森田貴子
87 ボアソナード —— 池田眞朗
88 島地黙雷 —— 山口輝臣
89 児玉源太郎 —— 大澤博明
90 西園寺公望 —— 永井　和
91 桂太郎と森鷗外 —— 荒木康彦
92 高峰譲吉と豊田佐吉 —— 鈴木　淳
93 平塚らいてう —— 差波亜紀子
94 原敬 —— 季武嘉也
95 美濃部達吉と吉野作造 —— 古川江里子
96 斎藤実 —— 小林和幸
97 田中義一 —— 加藤陽子
98 松岡洋右 —— 田浦雅徳
99 溥儀 —— 塚瀬　進
100 東条英機 —— 古川隆久

〈白ヌキ数字は既刊〉